Kilian Seitz

Die Schule von Gaza

Eine literargeschichtliche Untersuchung

Kilian Seitz

Die Schule von Gaza
Eine literargeschichtliche Untersuchung

ISBN/EAN: 9783743624986

Hergestellt in Europa, USA, Kanada, Australien, Japan

Cover: Foto ©berggeist007 / pixelio.de

Manufactured and distributed by brebook publishing software (www.brebook.com)

Kilian Seitz

Die Schule von Gaza

DIE
SCHULE VON GAZA.

EINE
LITTERARGESCHICHTLICHE UNTERSUCHUNG.

INAUGURAL-DISSERTATION

ZUR ERLANGUNG DER DOKTORWÜRDE

DER

PHILOSOPHISCHEN FAKULTÄT

DER

RUPRECHT-CAROLINISCHEN UNIVERSITÄT ZU HEIDELBERG,

EINGEREICHT VON

KILIAN SEITZ.

HEIDELBERG.
CARL WINTER'S UNIVERSITÄTSBUCHHANDLUNG.
1892.

Abkürzungen.

AD = AENEAS GAZÆUS .... ad codd. rec. BARTHII TARINI DUCÆI notas addidit J. FR. BOISSONADE. Par. 1836.

AB = AENEAE epistt. rec. R. HERCHER in «Epistolographi Græci» p. 24 ff.

ChB = CHOBICII GAZÆI orationes .... Curante J. FR. BOISSONADE. Par. 1846.

ChG = MÉLANGES Graux.

ChH = HERMES Zeitfchrift für klaff. Philologie.

ChJ^1 = Index lectionum in universitate litterarum Vratislaviensi per aestatem anni 1891 ....

ChJ^2 = Index lect. Vrat. per hiem. 1891—92.

ChRP = Revue de philologie, de littérature et d'histoire anciennes. N. S. T. I.

JA = JOANNIS GAZÆI descriptio .... rec. ABEL. Berol. 1882.

PA = PROCOPII .... panegyricus in imperatorem Anastasium ed B. G. NIEBUHRIUS in «Corp. scriptt. hist. Byzant.» P. I. p. 489 ff.

PB = PROCOPII epistt. rec. R. HERCHER p. 533 ff.

(PM = PROCOPII Monodia ed Jo. IRIARTE in catal. codd. mss. Græc. biblioth. reg. Matrit. I. p. 264.)

Ich, KILIAN SEITZ, geb. am 17. Juli 1863 zu Gerichtstetten in Baden, kath. Konfeſſion, beſuchte vom Herbſt 1879 bis dahin 1885 das Gymnaſium zu Tauberbiſchofsheim. Nach erlangtem Maturitätszeugnis bezog ich die Univerſität Heidelberg und hörte die Vorleſungen der Herren Profeſſoren: BRANDT, v. DUHN, Exc. FISCHER, OSTHOFF, Geh. Hofr. ROHDE, Geh. Hofr. SCHÖLL, UHLIG, Geh. Hofr. WACHSMUTH. Allen bin ich zu lebhaftem Dank verpflichtet, insbeſondere Herrn Geh. Hofr. ROHDE, der mir für die vorliegende Arbeit in wohlwollender Weiſe mehrere eigenen Beobachtungen zur Verfügung geſtellt hat. Im Frühjahr 1890 machte ich das Staatsexamen und war ſeitdem an verſchiedenen Anſtalten teils als Stellvertreter, teils als Volontär thätig. Am 9. Februar 1891 beſtand ich das Doktorexamen.

Als die Sophiſtenſchulen in allen Teilen der griechiſchen Welt ihren Höhepunkt längſt überſchritten hatten und manche ſchon verſchwunden waren, vermochte in der ſyriſchen Stadt Gaza[1] das Zuſammentreffen günſtiger Umſtände noch ein kurzes Aufblühen derſelben hervorzurufen. Schon weit früher hatte ganz Syrien den verſchiedenſten geiſtigen Beſtrebungen des Griechentums eine lebhafte Teilnahme entgegengebracht; in Gaza kamen die Urſachen für dieſe Erſcheinung erſt ſpäter und zum Teil in geſteigertem Maße zur Geltung.

Seit Alexander d. Gr. hatten zahlreiche griechiſchen Einwanderungen, mehr noch makedoniſche Beſatzungen und Kleruchien in den urſprünglichen Charakter der Bewohner allmählich manche griechiſchen Züge hineingetragen und ihn mit griechiſchem Weſen durchſetzt, und als die Herrſchaft der Römer jenen Städten endlich die langentbehrte Ruhe brachte, nahm die Erſtarkung des Hellenismus ungehindert ihren Fortgang.

Waren ſo die Bewohner Gazas dem Geiſtesleben der Griechen zugänglicher geworden, ſo trat noch eine Reihe anderer Umſtände hinzu, die geeignet waren, gerade die Sophiſtik zu beeinfluſſen und zu heben.

Sie konnte ſich hier im Glanze all der Herrlichkeiten ſonnen, welche der aus zahlreichen Quellen[2] in der Stadt der Philiſtäer zuſammenfließende Reichtum im Gefolge hatte. Schöne Plätze und Anlagen für den Verkehr und Genuß, prächtige Gebäude und

---

[1] Vgl. über dieſe Stadt: K. B. STARK, Gaza und die philiſtäiſche Küſte, Jena 1852; ROBINSON und SMITH, Paläſtina und die ſüdlich angrenzenden Länder, Halle 1841. II. 634 ff.
[2] STARK, Gaza S. 560 f.

Kunftwerke fchmückten die Stadt, glänzende Fefte belebten fie, kurz, keines der taufend Dinge fehlte, welche die Sophiften aller Zeiten wenigftens in der Nähe fehen wollten, wenn fchon mancher arme Schlucker unter ihnen auf deren Genuß verzichten mußte. Die Schriften des Gazäers CHORICIUS enthalten viele intereffanten Nachrichten über das glänzende Leben in diefer Stadt, und noch um das Jahr 570 fagt ANTONINUS MARTYR: *Gaza autem civitas splendida, deliciosa, homines honestissimi, omni liberalitate decori, amatores peregrinorum*[1].

Die glückliche geographifche Lage von Gaza hatte noch weitere Bedeutung für die geiftigen Beftrebungen diefer Stadt. Seit Jahrhunderten hatten die Gazäer nach Ägypten hingeneigt, wenn eine politifche Entfcheidung an fie herantrat. Hierher, insbefondere nach Alexandria, wandten fie faft ausnahmslos ihre Schritte, um die dortigen Schulen zu befuchen. War auch längft deren Blütezeit vorüber, fo herrfchte doch noch eine lebhafte Betriebfamkeit, und Alexandria hatte im 5. und 6. Jahrhundert noch eine fchöne Reihe bedeutender und hervorragender Männer auf den verfchiedenften Gebieten. Für Gaza wirkte befonders die Befchäftigung mit der Philofophie in Alexandria anregend; hier lernte man philofophifch denken, hier die Sätze der alten Philofophie kennen, um fich dann von chriftlichem Standpunkt aus gegen diefelbe zu wenden[2]. In diefer Stadt, welche PROKOP τὴν κοινὴν τῶν λόγων μητέρα nennt (B 133), ließen fich die Gazäer auch in die Künfte der fophiftifchen Beredfamkeit einweihen[3]. Noch nach vollendeten Studien fahen fie in Alexandria die geiftige Mutterftadt, in welche fie ihre eigenen

---

[1] Itin. S. 35, 2 ff. TOBLER.

[2] AD 1 f.: Ἡ οὐ μέμνησαι τῆς τοῦ Ἱεροκλέους φιλοσοφίας, παρ' ᾧ φιλοσοφοῦντες ἐκ παιδὸς καὶ ἀλλήλων ἐρῶντες πολλοὺς εἴχομεν τοὺς ἐραστάς .... παρ' ἡμῶν ἀπῄρας ποικίλης σοφίας σαυτὸν γεμίσας... Vgl. unten S. 24 ff.

[3] Vgl. unten S. 11, 24 etc. — Hierher gehören auch folche Gazäer, welche dem Kreis der gazäifchen Sophiften fern blieben, wie IsIDOR, der neun Jahre lang in Alexandria den Studien der Beredfamkeit oblag (J. SIMON, *Histoire de l'école d'Alexandrie.* Par. 1845. II. S. 594).

Produkte zur Beurteilung durch gelehrte Freunde fchickten (PB 112 [1]); Nicht minder bezeichnend für den Verkehr der beiden Städte auf geiftigem Gebiete find die Wechfelbeziehungen der Lehrer, die ihre Schüler mit Empfehlungsfchreiben zur weiteren Ausbildung einander zufandten [2]. Die Betriebfamkeit der Gazäer als Lehrer und Gelehrte rief ähnliche Beziehungen auch zu andern Städten hervor, fo zu Berytus, an deffen berühmter Rechtsfchule die Schüler der Gazäer nach vollendeter Vorbildung ihre Fachftudien machten, zu Antiochia, deffen hochgerühmte [3] Schule ebenfalls von folchen Schülern befucht wurde. Endlich erfcheinen in den Briefen der Gazäer noch Konftantinopel, Caefarea und Elusa. Und wir dürfen annehmen, daß wir durch die Ungunft der Verhältniffe nicht noch mehr Städte und nichts Genaueres über ihre Beziehungen zu Gaza angeben können.

Eine vorzügliche Stütze fand die Sophiftik in den Feften, welche feit alter Zeit einen Ruf in ganz Syrien genoffen [4], da in den mit ihnen nach alter Sitte verknüpften Agonen der glückliche Sophift die Früchte feines Talentes und feines Fleißes erntete und frifchen Mut zu fortgefetztem Schaffen gewann. Der Glanz der alten heidnifchen Fefte kann freilich nur in mittelbarer Beziehung zu der fpäten Blüte der Sophiftik in Gaza ftehen, deren

---

[1] Von Alexandria bezog PROKOP auch feine Bücher (PB 68).

[2] Vgl. unten über DOROTHEOS S. 13, über JOHANNES S. 15, EPIPHANIOS S. 13. — Natürlich führten auch andere Angelegenheiten zu brieflichem Verkehr zwifchen den beiden Städten; vgl. S. 13.

[3] ÄNEAS (B 17) nennt Antiochia eine Stadt der Mufen: Πάλαι μὲν τὸ Πήλιον κοινὸν διδασκαλεῖον τῶν ἡρώων ἐδόκει, νυνὶ δὲ ἡ ὑμετέρα καὶ τῶν Μουσῶν πόλις. καὶ ἐπίστευσαν οἱ πατέρες τοὺς υἱεῖς αὐτοῖς ὡς ὑμᾶς φοιτῶντας ἢ λόγους μανθάνειν ἢ λόγους εἰδέναι δοκεῖν. καὶ θαυμαστὸν οὐδέν: Denn Kalliope und ihre Schweftern, Hermes und Apollo haben fich dahin begeben, und Dionyfus lehrt dort feine Myfterien: ταῦτα διεγείρει πρεσβύτας, ταῦτα συγκαλεῖ νέους.

[4] In einem Ehrendekret an den Kaifer Gordian III. nennt fich die Stadt: ἡ πόλις ἡμῶν Γαζαίων ἱερὰ καὶ ἄσυλος καὶ αὐτόνομος πιστὴ ἡ εὐσεβὴς καὶ μεγάλη (BÖCKH C. J. n. 5892).

uns bekannte Vertreter ja alle dem Chriftentum angehören. Aber es lag darin fchon der Keim und gewiffermaßen die Bedingung für eine gleich prächtige Ausrichtung der chriftlichen Fefte. Der zähe Widerftand der Bewohner von Gaza gegen das Chriftentum, der im 6. Jahrhundert noch nicht völlig gebrochen war[1], gebot nach dem endlichen Siege der neuen Religion der kirchlichen Behörde, die bald in den Befitz des höchften Anfehens und Einfluffes in der Stadt gelangt war, fich möglichft an die alten Sitten anzufchließen und für die abgefchafften einen gewiffen Erfatz zu bieten. Sie fuchte alfo nicht auf einmal jede Erinnerung an den früheren Zuftand zu tilgen, fondern nahm dem Chriftentum ungefährliche Sitten und Einrichtungen herüber oder paßte fie unmerklich den neuen an, fo daß nicht allzu lange nach Befeitigung der Trümmer und blutigen Spuren, die den Einzug der neuen Religion in Gaza bezeichneten, das Volk fich unfchwer in die neuen Verhältniffe finden konnte. So wurden die glänzenden heidnifchen Fefte durch chriftliche Volks- und Kirchenfefte erfetzt. Es ift wahrscheinlich, daß das berühmte Fest Μαιουμᾶ in der gleichnamigen Hafenftadt Gazas fortbeftand in der ἡμέρα τῶν ῥόδων[2],

---

[1] Im 4. Jahrhundert kommen diefe religiöfen Gegenfätze felbft in der Rennbahn zum Ausdruck; als ein Chrift, der den hl. Hilarion um fein Gebet für diefe Sache angefprochen hatte, mit dem Gefpann über einen Heiden fiegte, machte dies folchen Eindruck, «*ut ethnici quoque ipsi concreparent, Marnas victus est a Christo. Porro furentes adversarii Hilarionem maleficum Christianum ad supplicium poposcerunt. Indubitata ergo victoria et illis et multis retro circensibus plurimis fidei occasio fuit* (HIERONYM. *vita S.* HILARION. c. 20). In noch fpäterer Zeit findet man eine heidnifche Gemeinde in Gaza, wie eine Nachricht des DAMASCIUS bei SUIDAS zeigt: Ἀντώνιος Ἀλεξανδρεὺς .... πρὸς δὲ ἀλήθειαν ἱερώτατος ἐγεγόνει καὶ λίαν ἔρρωτο τὴν ψυχὴν πρὸς θεοῦ θεραπείαν, τήν τε δημοτελῆ τήν τε ἀπορρητοτέραν· ὥστε καὶ τὴν Γάζαν ἀπέφηνεν ἱερωτέραν πολλῷ μᾶλλον ἢ πρότερον ἦν. SOZOM. V, 9. 10 und VII, 15. S. auch COSMAS INDICOPL. S. 151 über Petra; ähnlich wie in Gaza und Petra mögen die religiöfen Verhältniffe zu jener Zeit im ganzen füdlichen Teil von Syrien gelegen haben.

[2] Auch der Name Μαιουμᾶ fcheint fich für das Feft erhalten zu haben: PB 106.

an der die Sophiſten, wie früher, Liebe und Leid der Aphrodite feierten. Die vom Bifchof Marcianus eingerichtete Herbſtfeier mit ihrer prächtigen Illumination erſetzte wohl das alte Dionyfosfeft[1]. Die großartigen chriftlichen Kirchen, welche an Stelle der alten Göttertempel traten, boten wie die Fefte den Sophiften Gelegenheit und Stoff zu Deklamationen[2]. Wie weit diefe fich an die alten Gebräuche und Anfchauungen anfchließen durften, zeigt die manchmal ergötzliche Verquickung chriftlicher und vorchriftlicher Vorftellungen[3].

Abgesehen von dem Intereffe der Kirche an der Erhaltung der alten Bildungsmittel thaten auch rein praktifche Zwecke des profanen Lebens das ihrige. Die zahlreichen Beamten, welche bei der Verwaltung und den Gerichten befchäftigt waren, konnten eine gewiffe Eloquenz nicht entbehren, die immer noch bei den Sophiften erworben wurde; und wirklich widmeten fich die meiften Schüler der Gazäer der juriftifchen Laufbahn. Einen inneren Gewinn brachten freilich diefe Dienfte der Sophiftik nicht, die in ihrer Blütezeit gewöhnt war, auf alle Verhältniffe neben ihr geringfchätzig herabzublicken, als die Königin, zu der fich die anderen Wiffenfchaften als Dienerinnen verhielten; jetzt wurden umgekehrt ihre Vertreter von ihren früheren Schülern, die es «weiter gebracht» hatten, fehr häufig mit Hochmut oder ebenfo verletzender Herablaffung behandelt, worüber fich Prokop in feinen Briefen vielfach beklagt[4]. Doch fehlte es der Sophiftik nicht an einem dankbaren Publikum[5].

So veranlaßte Bedürfnis und Neigung auch die Stadtgemeinde, Stellung zu ihr zu nehmen. Nach Analogie der Verhältniffe in andern Städten müffen wohl auch in Gaza Ausnahmegefetze den Sophiften gewiffe Rechte gewährleiftet haben. Und in der That

---

[1] ChB 123.
[2] ChB 80, 11.
[3] ChB 42 und fonft. Vgl. Rohde, Gr. Roman S. 475 f.
[4] Z. B. B 70, 75.
[5] PB 86.

finden fich bei den Gazäern Andeutungen, welche dies ficher beftätigen[1]. Auch durch ein gewiſſes Herkommen mehr äußerlicher Art bildeten die Sophiſten in Gaza einen geſchloſſenen Stand[2]. Wenn von ihren perfönlichen Beziehungen zu einander jetzt nur wenig mehr ermittelt werden kann, ſo tragen doch ihre wenn auch spärlichen Reſte durchaus den Stempel naher Verwandtſchaft untereinander, wie ſich aus einer großen Zahl von Einzelheiten ergiebt. Bei allen dieſelben Litteraturzweige, z. B. die ἐκφράσεις, die gleichen Stoffe; ſogar Profa und Poeſie zeigen bei aller Rückſicht der letzteren auf Nonnus eine frappante Ähnlichkeit in rhetorifcher Hinſicht. Alſo faſt alle geiſtigen Beſtrebungen in Gaza mußten ſich wie ehemals in ganz Griechenland den Einfluß der Rhetorik gefallen laſſen.

Aus ähnlichen Verhältniſſen hervorgegangen wie die zweite Sophiſtik, ſpiegelt diefes Treiben in Gaza jene im kleinen, aber in faſt allen Einzelheiten wieder, wie man unter anderem aus Prokop erſieht (B 69, 85), wo der Sophiſt in ergötzlicher Weiſe feinem Bruder Zacharias vorhält, mit welchen Komplimenten er von ihm und ähnlich Denkenden beehrt zu werden pflegte.

Wie die Sophiſten früherer Zeit teilten die Gazäer ihre öffentliche Thätigkeit in eigentlichen Unterricht und rhetorifche Vorträge[3]. An der Hand beſtimmter klaſſiſcher Muſterwerke und mit allem Rüſtzeug grammatiſcher und rhetorifcher Art, teils ererbtem, teils felbſtgeſchaffenem, verſehen, führten ſie ihre Schüler, die aus den

---

[1] PB 109: ... οἱ γὰρ παρ' ἡμῖν λογάδες ψηφίσματι κοινῷ τὴν μεγίστην ἀξιοῦσιν ἀρχὴν ῥᾴδιον ἐπινεῦσαι πρᾶγμα, πλοῖον ἀτελὲς σιτηρέσιόν μοι χορηγῆσαι δυνάμενον· αἰτοῦσι δὲ καὶ παλαιὰς συντάξεις βεβαιωθῆναι τοῖς διαδεξαμένοις καὶ ψιλὴν μεταθεῖναι προςηγορίαν.

[2] Choricius ging ins Theater πρὶν εἰς παιδευτὰς ἐγγραφῆναι (ChRP 213, 14; dazu Anm. 9); jetzt meidet er es νόμον φυλάττων, ὃν ἔθηκεν ἡ συνήθεια τοῖς τῇδε παιδεύειν ἐπιχειροῦσιν (235, 12).

[3] ChB 4, 12 ff.: Δύο γὰρ ὄντων οἷς ἀρετὴ βασανίζεται σοφιστοῦ, τοῦ τε καταπλήττειν τὰ θέατρα συνέσει λόγων καὶ κάλλει, τοῦ τε τοὺς νέους μυσταγωγεῖν τοῖς τῶν ἀρχαίων ὀργίοις ....

entfernteften Gegenden in Gaza zufammenftrömten¹, in die Kunft der Beredfamkeit ein, welche dem Fachftudium vorauszugehen pflegte. Aber nicht blos damit, auch mit der Kunft, gut und glücklich zu leben², mit der «φιλοσοφία», die fchon ISOKRATES zu lehren behauptete, beglückten fie ihre Zöglinge; fie nennen fich geradezu Philofophen³. Aber wie müßte man die Philofophie diefer Spätlinge nennen, wenn LUCIAN fchon die feiner zeitgenöffifchen Sophiften ἀσαφές τι καὶ ἀμυδρὸν εἴδωλον der wahren Philofophie nannte? Sie befteht denn auch faft einzig in den zahllofen, oft recht trivialen Gnomen, die felbft nicht einmal um ihres Inhaltes willen, fondern als ein von der Rhetorik vorgefchriebener Schmuck eingeftreut find.

Die Hauptleiftung auch noch der Gazäer befteht in den öffentlichen Deklamationen, woher die große Bedeutung der Fefte begreiflich wird. An ihnen trugen fie vor einem redeliebenden Publikum oder vor ihren Schülern, bald forgfältig vorbereitet, bald aus dem Stegreif⁴, bald aus eigenem Antrieb, bald im Auftrag der Bürgerfchaft, Lobreden auf den Kaifer oder auf andere hochftehenden Perfonen in Kirche und Staat vor; oder fie ehrten ihre

---

¹ AB 18: ἀλλ' εὖγε τῆς ὑμετέρας εὐφωνίας, δι' ἣν τῶν Ἀθηναίων οἱ παῖδες οὐ παρὰ τῶν πατέρων παρὰ δὲ τῶν Σύρων ἀττικίζειν ἀξιοῦσι μανθάνειν.... παρ' ἡμῖν τὴν ἀκαδήμειαν καὶ τὸ Λύκειον εἶναι νομίζοντες· ἐγὼ γοῦν ἱκανὰς ἔχω παρ' ὑμῶν τὰς ἀμοιβάς, εἰ κἀμὲ πρόγονον δι' ὑμᾶς ᾄσουσιν Ἴωνες καὶ τῆς ἐμῆς ψυχῆς τὰς εἰκόνας καθαρῶς θεωροῦντες ἤδη καὶ τοῦ σώματος τὸ εἶδος ὑπογράψουσιν.

² ChB 18: Τοὺς φιλοσόφῳ βίῳ χρωμένους ἐν ἀκμῇ δυσκολίας ὅπως φέρονται θεωρῶ. Ἰδιώτῃ μὲν γὰρ φάρμακον ἔστω λύπης ὁ χρόνος· ὁ δὲ διὰ μούσης ἐλθὼν καὶ θείων γευσάμενος ἀκουσμάτων, μή μοι τοιαύτην θεραπείαν ἀναμενέτω. Δεῖ γὰρ τῆς ἰατρείας τοῦ χρόνου τὰ τοῦ λογισμοῦ φάρμακα προηγήσασθαι· ἢ τί πλέον ἡμῖν οἱ λόγοι δωρήσονται; τοῦ δὲ χάριν πονοῦμεν, τὰς τῶν παλαιῶν ἐκμανθάνοντες τύχας; οὐ γὰρ ἵνα τὸν χρόνον ἀνόνητα δαπανῶμεν, ἀλλ' ὅπως, οἶμαι, τήν τε ἄλλην ἐκεῖθεν ὠφέλειαν δρεψώμεθα, καί, τοιούτου συμβάντος καιροῦ, πρὸς ἄνδρας ἴσα πεπονθότας ἡμῖν ἢ πικρότερα πάθη τὸν νοῦν ἀναφέροντες, οὕτως οἴσωμεν ῥᾷον. Ähnliches öfter, z. B. PB 75, 38.

³ AB 19: ἢ οὐ φιλοσοφοῦντι τὸ πάθος βαρύτατον;

⁴ ChB 24, 2 u. fonft; JA 57.

Freunde und Bekannten mit Hochzeits- und Grabreden, deklamierten ihre fogenannten μελέται über die bei allen Sophiften üblichen Themen; dann verfaßten fie διηγήματα, ἠθοποιίαι, ἐκφράσεις, natürlich auch für den Vortrag, endlich zierliche Briefe an ihre Bekannten und Freunde.

Damit war jedoch die Thätigkeit der Gazäer nicht erfchöpft. Einige von ihnen befaßen eine nicht zu verachtende Vielfeitigkeit, und wir würden ihnen Unrecht thun, wollten wir darin nur fophiftifche Prahlerei und Oberflächlichkeit vermuten. Mag man die Art naturgefchichtlicher Befchäftigung, wie fie uns hier entgegentritt, nicht befonders hochhalten, fo verdient doch ihre theologifche Thätigkeit, der darin aufgewendete Fleiß Anerkennung. Wenn man die rhetorifchen Schriften der Gazäer in Betracht zieht, die mehr einer heidnifchen als chriftlichen Feder entfloffen zu fein fcheinen, fo kann man erftaunt fein, diefelben Schriftfteller als Kommentatoren der heiligen Schrift oder als Apologeten gegen das Heidentum anzutreffen. Man könnte nun hierin gerade die echteften Sophiften wieder erkennen wollen, welche die entgegengefetzteften Anfichten mit gleichem Eifer und gleichem Erfolg zu vertreten für eine Hauptleiftung hielten. Dies ift jedoch im vorliegenden Falle anders. Die theologifchen Schriften haben die Gazäer um ihres Inhaltes willen mit Ernft und innerer Überzeugung gefchrieben, die rhetorifchen find um der Form willen da, der heidnifche Inhalt ift durchaus Nebenfache und nur deshalb feftgehalten, weil er unlöslich mit der Form verwachfen war, weil diefe fich nicht ohne weiteres einem ganz entgegengefetzten Stoffe anpaffen ließ.

Über die perfönlichen Verhältniffe der Gazäer fließen die Nachrichten zu fpärlich, als daß man fich von der Zahl der Sophiften in diefer Stadt, von dem Zufammenhang der Einzelnen untereinander, der relativen Bedeutung derfelben ein vollftändiges Bild machen könnte. Eine einzige läßt eine Kenntnis ihres Autors von einem fchulmäßigen Zufammenhang der Gazäer vermuten;

fie findet fich als Scholion zur ἔκφρασις des JOHANNES von Gaza (JA 12) und lautet: ἡ πόλις αὕτη φιλόμουσος ἦν καὶ περὶ τοὺς λόγους εἰς ἄκρον ἐσχολακυῖα· ἐλλόγιμοι ταύτης τῆς πόλεως Ἰωάννης, Προκόπιος, Τιμόθεος ὁ γράψας περὶ ζῴων Ἰνδικῶν καὶ οἱ τῶν Ἀνακρεοντικῶν ποιηταὶ διάφοροι. Aber auch diefe Nachricht ift fehr unvollftändig und ungenau, fonft hätte der Scholiaft den PROKOP nicht ohne feinen Schüler CHORICIUS genannt, oder, da er doch keine zeitliche Reihenfolge beabfichtigt zu haben fcheint, JOHANNES nicht von den übrigen Auakreontikern trennen dürfen, wenn er nicht etwa wußte, daß auch PROKOP und TIMOTHEUS fich mit diefen Spielereien befaßten. Zweifellos ift nach anderen Nachrichten PROKOP von den uns bekannten der bedeutendfte Sophift Gazas und mag deshalb an die Spitze treten, da die Lebenszeit nicht beftimmt für alle zu ermitteln ift und für unfern Zweck eine chronologifche Einteilung überhaupt nicht praktifch erfcheint.

Prokopius.

Über PROKOPIUS geben PHOTIUS[1] und SUIDAS einiges; mehr bieten feine eigenen Schriften und die Grabrede, welche ihm fein Schüler CHORICIUS gehalten hat.

Seine Blüte fällt unter die Regierung des Kaifers Anaftafius (491—518), wie ein noch erhaltenes Enkomion, das der Gazäer bei der Errichtung des kaiferlichen Standbildes in Gaza auf Anaftafius hielt, zur Genüge beweift. Die Rede fällt nach 507, in welchem Jahre der Kaifer die fogenannte lange Mauer zwifchen dem Pontus Euxinus und der Propontis vollendete (PA 510, 7 ff.), aber auch nicht wohl hinter 515, das Todesjahr der Kaiferin Ariadne; fonft hätte PROKOP ficher davon gefprochen, zumal er an mehreren Stellen von der Kaiferin redet. Er ftarb μηδέπω σφόδρα

---

[1] Cod. 160 u. 206.

γηράσας[1] etwa 62/3 Jahre alt, wenn man den Worten des CHORICIUS[2] glauben darf, der ihn im gleichen Alter mit DEMOSTHENES sterben läßt. ROHDE bestimmt diese Zeit durch folgende Berechnung annähernd auf die Jahre 465—528: Den PROKOP vor 526 sterben zu lassen, widerrät die μονῳδία 'Αντιοχείας, die dreimal in dem Lexikon περὶ συντάξεως in BEKKERS Anecd. graec.[3] zitiert wird. Diese geht, nach dem Inhalt der Fragmente, ganz zweifellos auf einen Zusammensturz von Antiochia, sehr wahrscheinlich durch ein Erdbeben. Da dies zur Zeit des PROKOP geschehen sein muß, so kann damit kaum das von 457 oder 458 gemeint sein; es läßt sich also nur an das Erdbeben von 526 denken (eher als an das vom Jahre 528[4]).

Er stammte von wenig begüterten Eltern (PB 139), die jedoch bemüht waren, ihren Kindern eine treffliche Erziehung und guten Unterricht zu teil werden zu lassen. Zwei seiner Brüder brachten es zu angeseheneren und einträglicheren Ämtern als er selbst. Beide finden wir eine Zeit lang in einflußreicher Stellung am Hofe, bzw. bei der obersten Kirchenbehörde zu Konstantinopel (B 19). Der eine von ihnen, Zacharias, war wohl vorher bei dem Juristen DIODORUS gewesen und hatte dessen Wohlthaten genossen (B 77); später befindet er sich in Rhodus als hoher Beamter[5] und Rhetor B 51, 52). Die andern Kinder der ziemlich zahlreichen Familie sind hier von geringerem Interesse (B 74, 161, 65; ChB 16, 9 ff.). PROKOP selbst, früh seines Vaters beraubt (ChB 3, 3), eilte, im Besitze glücklicher Naturanlagen, bald allen seinen Altersgenossen voran (ChB 3 f.) und besiegte, eben erst unter die Rhetoren ein-

---

[1] ChB 14, 10; 21, 15; ἤδη τῷ γήρᾳ κεκυφότα nennt ihn CHORICIUS B 8, 14 wohl nur hyperbolisch, um der Wirkung willen.

[2] ChB 22, 13: 'Απῆλθε καὶ Δημοσθένης τὴν αὐτὴν τῷ τεθνεῶτι βεβιωκὼς ἡλικίαν.

[3] Vgl. unten S. 20.

[4] Über beide s. K. O. MÜLLER, Antiq. Antioch. S. 16.

[5] PB 152: δικαστὴν ὀρθὸν καὶ ἄρχοντα δίκαιον καὶ ὅ τι σεμνὸν ὀνομάζοντες. Vgl. B 52, 82, 125.

gereiht[1], in Alexandria, wo er fich Studierens halber aufhielt, im redneriſchen Wettkampf einen andern Sophiſten, der ſchon lange dieſe Kunſt übte[2]. Lehrer der Rhetorik wurde er in ſehr jungen Jahren, etwa 18—20 Jahre alt, alſo etwa 484[3]. Auch ſein ſpäteres Leben ging auf in ſtändigem Studium (ChB 8, 11 ff.). Selbſt bei ſeinem frugalen (ChB 12, 5 ff.; PB 42) Mahle ſuchte er, wenn ſeine Freunde um ihn verſammelt waren, einen edleren Genuß in gelehrten und anmutigen Unterhaltungen (ChB 12). Bald erlangte er ſolches Anſehen, daß Antiochia, Tyrus und Caeſarea ihn durch glänzende Anerbietungen zu gewinnen ſuchten (ChB 6 f.). Indeß konnte ihn kein Verſprechen dauernd von Gaza fernhalten (vgl. PB 25), ſondern Anhänglichkeit und Liebe zur Heimat zogen ihn nach kurzem Aufenthalt in Caeſarea (ChB 6 f.), Pamphylien (B 80) und vielleicht, bei Gelegenheit einer Geſandtſchaft, in Konſtantinopel (B 83) dorthin zurück, wo er, geachtet und geliebt von ſeinen Mitbürgern (ChB 10), als gefeierter Redner (B 49, 85, 93) und Lehrer[4] ſeine Tage verlebte, während er mit fernen Schülern und andern Gelehrten, Freunden und Gegnern durch einen lebhaften Briefwechſel in Verbindung blieb.

Aus den umfangreichen Reſten dieſes ſchriftlichen Verkehrs erhalten wir intereſſante Aufſchlüſſe über PROKOPS Anſehen als Lehrer, über ſein und ſeiner Freunde gelehrtes Treiben und überhaupt über die Perſonen und Örtlichkeiten, zu denen der Ruf der gazäiſchen Schule drang[5]. Selbſt wenn dieſe Briefe bloß Probeſtücke wären, die PROKOP für ſeine Schüler verfaßt hätte, ſo würden ſie inhaltlich nicht wertlos werden, ſondern immer noch wirkliche Verhältniſſe abſpiegeln. Aber die Gründe, welche WESTERMANN[6]

---

[1] ἄρτι πρῶτον ἐν Ἑρμοῦ ταχθεὶς ἀθληταῖς.

[2] πάλαι μεθοδεύοντα.

[3] ChB 4, 1: βῆμα δὲ καὶ νέων χορὸς αὐτὸν διεδέξατο τοῖς τὰ ῥητόρων τελοομένοις ὁμήλικα.

[4] B 141: ξένους τοσούτους δι' ἐμὲ παρόντας ....

[5] Vgl. oben S. 3 ff.

[6] *De epist. gr. comm. I. p. 13.*

für diefe Anficht vorbringt, find nichts weniger als ftichhaltig. Wenn er nämlich fagt «*eas de minutis rebus ac de nihilo plerumque solis urbanitatis formulis agere*», fo gilt diefes in noch höherem Maße von fehr vielen Briefen des LIBANIUS, die der Gelehrte ausdrücklich als nicht fingiert anerkennt; man lefe nur B 2, 6, 8, 102, 345, 350, um aus einer großen Maffe gänzlich inhaltslofer Epifteln einige beliebige herauszuheben. Ift der von WESTERMANN angeführte Grund nicht beweifend, fo laffen fich gegen feine Meinung eine Reihe gewichtiger Gründe anführen. Daß fich hiftorifche Perfonen unter den Adreffaten befinden, könnte man fo erklären, daß die Sophiften eben auch für fingierte Briefe die Namen von angefeheneren Männern gebraucht hätten. Gegen WESTERMANN fpricht aber ficher das unverkennbare Gepräge der Individualität der einzelnen Briefe, die allen fingierten Briefen der Sophiften abgeht und am wenigften von einem PROKOP von Gaza fo genau getroffen und fo folgerichtig feftgehalten worden wäre. Ohne wirkliche Perfonen vor Augen zu haben, hätte PROKOP nicht fo verfchiedene Töne verfucht, oder fein Streben, durch diefelben die verfchiedenen Charaktere der Empfänger oder feine eigene Stellung zu ihnen zum Ausdruck zu bringen, hätte Karrikaturen hervorgebracht. Ein ganz untrüglicher Beweis für die Wirklichkeit der in den Briefen berührten Verhältniffe liegt in der Wahrheit der Empfindung des PROKOP, vorzüglich wenn er bitter oder ironifch wird (z. B. B 72). Ein weiterer Beweis gegen die Anficht WESTERMANNS liegt endlich in der fingierten Briefen ganz fremden Erfcheinung, daß die verfchiedenen Adreffaten einer langen Reihe von Briefen, wie aus dem folgenden erfichtlich wird, in beftimmten verwandtfchaftlichen oder freundfchaftlichen Beziehungen ftehen, die ficher nicht aus der Phantafie des Gazäers hervorgegangen find, fondern in Wirklichkeit beftanden haben, wie die einfache Natürlichkeit der Verhältniffe zeigt. Daß faft keiner der Adreffaten auch anderweitig ficher genannt ift, thut der Sache keinen Eintrag. Über die bedeutendften derfelben läßt fich etwa folgendes feftftellen.

Der Iatrofophift GESSIUS in PROKOPS Briefen (38, 68, 123, 134) läßt fich mit ziemlicher Sicherheit mit dem angefehenen Arzt und Lehrer gleichen Namens in Alexandria identifizieren, von dem SUIDAS in einem längeren aus DAMASCIUS genommenen Artikel (v. Γέσσιος) fpricht, und als deffen Heimat von STEPHANUS von Byzanz (v. Γέα) die Stadt Petrã in Arabien genannt ift[1]. Mit ihm verkehrte ÄNEAS, der Landsmann des PROKOP (AB 19, 20), er fpielt in dem Dialog «Ammonius» des ZACHARIAS von Mitylene eine Rolle[2]. Dagegen hat der in einigen Epigrammen verhöhnte GESSIUS nichts zu thun mit dem unfrigen, wie JAKOBS hervorhebt[3].

Dem Iatrofophiften empfiehlt PROKOP (68) feinen Schüler (123) DOROTHEUS, welcher, der Laufbahn feines Lehrers folgend, um deffen Reden bittet (78). Er könnte der bei ÄNEAS (B. 21) vorkommende Presbyter DOROTHEUS fein, welcher fich von der «φιλοσοφία» zum Prieftertum wandte. Ob er mit einem der zahlreichen Homonymen jener Zeit, etwa mit dem von CAVE[4] zum Jahre 502 erwähnten Mönch aus Alexandria, der zur Verteidigung der Synode von Chalcedon eine weitläufige «τραγῳδία»[5] fchrieb[6], identifch ift, muß dahingeftellt bleiben.

Eine zweite, größere Gruppe von Bekannten des PROKOP findet fich ebenfalls zum großen Teil in Alexandria. Von einem PETRUS, für den PROKOP den Rechtsbeiftand des Ilafius verlangte (14), dem Gazäer empfohlen (142), wurde EPIPHANIUS Schüler desfelben, wandte fich dann der Rechtswiffenfchaft zu und ift fpäter in

---

[1] Vgl. befonders PB 123: σε πολὺν ἐπὶ στόματος ἦγεν ὡς εὔνουν, ὡς ἀγαθὸν, ὡς γλώττῃ καὶ χειρὶ τὸν Ἀσκληπιὸν περικείμενον, καὶ ὅτι δὴ τὸ τῆς ἰατρικῆς αὐστηρὸν αἱ τῆς ὑμετέρας γλώττης παρεμυθήσαντο χάριτες und SUIDAS: καὶ μέγα κλέος εἶχεν, οὐ μόνον ἰατρικῆς ἕνεκα, τῆς τε διδασκαλικῆς καὶ τῆς ἐργάτιδος, ἀλλὰ καὶ τῆς ἁπάσης παιδείας.

[2] Vgl. noch FABRIC. bibl. gr. vol. XIII. 170.
[3] Anthol. gr. X. 232.
[4] Hist. litt. eccl. I. 492.
[5] Auch TIMOTHEUS von Gaza fchrieb eine folche «τραγῳδία». Vgl. unten S. 30.
[6] THEOPHAN. Chron. z. J. 502, S. 131.

Alexandria thätig. Durch feinen Hochmut (70) und infolge der Befchuldigungen feitens eines Kollegen STRATEGIUS (122) zog er fich das Mißfallen feines Lehrers zu. STRATEGIUS lieh dem SOSIANUS, der felbft wieder Sachwalter war (89, 155), feine Dienfte (89). Dem SOSIANUS empfahl PROKOP deffen Kollegen DIODORUS (71), wohl denfelben, an welchen der 7. und 22. Brief des ÄNEAS gerichtet ift. PROKOP war früher mit DIODOR in Ägypten gewefen (34) und nahm fpäter felbft deffen Dienfte vor Gericht in Anfpruch (138). DIODOR war mit dem Sophiften und feiner Familie (35, 39; 77) eng befreundet und ftammte wahrfcheinlich auch aus Gaza (37, 106), welches er vor feinen Gegnern räumte; von hier ging er nach Caefarea (75). Er fcheint ein trefflicher Redner (12, 37) und tüchtiger Anwalt (64, 72, 104, 126) gewefen zu fein. PROKOP empfiehlt ihm feinen Schüler und Verwandten ORION (64), der unter anderm auch in Berytus die Rechte ftudierte (117, 153) und in Konftantinopel Verwendung fand.

Ein fchon älterer Beamter ift SILANUS (163), mit dem zufammen PROKOP in Alexandria ftudierte. Die Verwandten desfelben, MACARIUS (120) und ZOSIMUS, waren Schüler des PROKOP und ergriffen die Laufbahn des SILANUS (29, 151). In Alexandria befand fich auch der Rhetor AGAPETUS, dem PROKOP feine Reden zur Beurteilung fchickte (112). Ob es der gleichnamige Diaconus ift, welcher die fogenannte σχέδη βασιλική an Juftinian verfaßte, ift trotz NICOLAI (III, 230) nicht zu entfcheiden. Schon die Zeit fcheint zu widerfprechen, infofern er in dem Briefe des PROKOP als gereifter Mann und achtbarer Kritiker erfcheint. Dem Kreis der Gazäer fcheint er nahe zu ftehen in der traurigen Gedankenarmut, die fich als roter Faden durch das Schriftchen zieht; aber diefe ift in jener Zeit allgemein. An ÄNEAS erinnert der nicht felten hervortretende, mit dem falbungsvollen Lehrton fonderbar kontraftierende rhetorifche Putz, befonders die ungefchlachte Verwendung von Figuren (z. B. c. 5, 7, 8, 18, 20), die beabfichtigte oder nachläffige Wiederholung desfelben Wortes (z. B. c. 24), das geiftlofe Witzeln, die bequeme

Verbindung der Sätze durch καί und ähnliche Wörter an Stelle von Periodenbildung und manches andere.

Der Rhetor STEPHANUS (18, 114) ift anfangs auch in Alexandria, fpäter in Antiochia (103); er ift vielleicht identifch mit dem gleichnamigen Freund des ÄNEAS, den diefer früher als Sophift in Agypten traf, jetzt als Presbyter bezeichnet[1].

Endlich finden wir noch in diefer Stadt JOHANNES als Studierenden (154), der fpäter in Caefarea im Gerichte fitzt, — PANKRATIUS, einen Dichter oder Rhetor oder beides zugleich (133), und den Arzt ANTIOCHUS (124)[2].

Bis in die füdlicheren Teile von Ägypten[3] kam HIERONYMUS aus Gaza oder aus Elufa, ein Rhetor, mit dem PROKOP auf gefpanntem Fuße lebte (111, 116).

ALYPUS, STEGUS und HIERIUS ROMAICUS find in Antiochia (66), nicht, wie NICOLAI meint, in Konftantinopel. Aus dem Beinamen des HIERIUS darf man fchließen, daß er identifch ift mit dem Lehrer der lateinifchen Sprache in Gaza, den PROKOP dem Anwalt EUDAIMON als Klient empfiehlt.

Der Jurift THOMAS, angeftellt in Caefarea und mit PROKOP wohl feit deffen dortigem Aufenthalt befreundet, kam von da nach Gaza (17). Vielleicht läßt er fich mit dem gleichnamigen Patricius und Logotheta bei BRUNCK[4] in Beziehung fetzen.

HERMEAS, welcher dem Schluß des 129. Briefes zufolge aus Gaza fein könnte, ift Sophift in Berytus: ἀρετῆς καὶ λόγων ποιούμενος φροντίδα.

Ohne jegliche Andeutung des Aufenthalts bietet fich eine weitere Gruppe, die für Vermutungen den weiteften Spielraum läßt. MEGAS, ein Schüler des PROKOP (13, 14, 15, 50, 83), überbringt feinem Vater EUSEBIUS einen Brief. Letzterer könnte ein

---

[1] Vgl. PB 100, AB 15, auch PHOT. cod. 192 B.
[2] Vgl. FABRIC. bibl. gr. X², 506. XIII¹. 64.
[3] Wohnt B 134 in Hermupolis, wohl in der Thebais.
[4] Analecta III. 124.

Bruder des ELIAS fein (24, 25). Außerdem möchte man ihn für den gleichnamigen Sophiften bei PHOTIUS[1] und SUIDAS[2] halten, da bei PROKOP auch ein PALLADIUS angeredet und λογιώτατος genannt wird; er foll als δικαστὴς für die Hinterbliebenen des Sachwalters ISIDOR eintreten (67), PALLADIUS überbringt nun dem PROKOP einen Brief von MUSÄUS (48), den fchon SALMASIUS[3] mit dem Dichter von «Hero und Leander» zufammengebracht hat. Hierüber äußert fich ROHDE[4] folgendermaßen: «Verlockend klingt PASSOWS Meinung (MUSÄUS S. 97 f.), wonach der Dichter MUSÄUS identifch wäre mit dem gleichnamigen Freund des Rhetors PROKOP von Gaza, an den deffen 48. und 60. Brief gerichtet find, und der zumal nach dem zweiten diefer Briefe als μουσοπόλος erfcheint. Es fcheint aber doch, als ob der Grammatiker und Dichter MUSÄUS nicht unbedeutend älter fein müßte als PROKOP». Während ROHDE alfo die Möglichkeit von PASSOWS Vermutung nicht ausfchließt, glaubt A. LUDWICH[5], welcher bei feiner Berechnung die Abhängigkeit des PROCLUS in feinem Hymnus auf Athene von dem Dichter des Epyllion Hero und Leander ins Auge faßt, keineswegs daran. Er rückt das Epyllion «mindeftens bis gegen die Mitte des 5. Jahrhunderts, wenn nicht höher hinauf». Aber feine Vorausfetzungen ergeben gar nicht mit Notwendigkeit eine fo frühe Zeit: «PROKLOS lebte zwifchen 412 und 485 nach Chriftus: vor 485 alfo muß der Hymnus auf Athene und vor diefem das Epyllion von Hero und Leander gedichtet fein». Das ift alles. PROKOP ftarb in hohem Alter, etwa 526, reicht alfo bis etwa 465 hinauf. Er kann alfo in fehr frühem Alter[6] mit dem hochbetagten MUSÄUS verkehrt

---

[1] Codd. 133—135: Ἀνεγνώσθησαν Παλλαδίου σοφιστοῦ μελέται διάφοροι, καὶ Ἀφθονίου καὶ Εὐσεβίου σοφιστοῦ Ἀλεξανδρέως· ἀλλὰ καὶ τῶν ἄλλων ὁ Παλλάδιος κατὰ πᾶσαν ἀρετὴν τὴν ἐν λόγοις ἐπὶ πλεῖστον διενήνοχεν.

[2] Εὐσέβιος, Ἀράβιος σοφιστὴς ἀντισοφιστεύσας καὶ αὐτὸς Οὐλπιανῷ.

[3] S. FABRIC. I. 126.

[4] Griech. Rom. 472, 2.

[5] Neue Jahrb. f. Philol. und Päd., Bd. 133, S. 246 ff.

[6] Vgl. ChB 4, 1 ff. u. oben S. 11.

haben, um fo mehr, als nichts zwingt, deffen Ableben unmittelbar nach der Abfaffung des Gedichtes anzufetzen. Und in der That findet man, daß befonders der 60. Brief in dem Tone gehalten ift, den ein folcher Altersunterfchied bedingt. PROKOP drückt hier feine Achtung, Bewunderung und Verehrung in einer Weife aus, die man bei ihm fonft nicht findet. Dazu kommt, daß R. HOLLAND[1], welcher den Dichter von «Hero und Leander» mit dem unbekannten Verfaffer des Gedichtes über Alpheios und Arethufa identificieren möchte, nachweift, daß PROKOP jedenfalls letzteres Gedicht gekannt habe und wohl mit deffen Verfaffer befreundet gewefen fei. So könnte man, eine Hypothefe mit der andern verbindend, den unbekannten Rhetor und Dichter in Alexandria fuchen.

Zuletzt mögen unter den Schülern des PROKOP noch genannt werden NILUS, der mit den Reden feines Lehrers Handel trieb (159) und endlich der Welt entfagte, — SABINUS (115), ein wenig ehrenhafter Richter (139), den NICOLAI zum Bruder des *præfectus prætorio* SERGIUS macht, was wohl zeitlich unmöglich ift, — SOZOMENUS, vielleicht ein Nachkomme des HERMIAS SOZOMENUS aus Bethelia bei Gaza[2].

Die übrigen Adreffaten verdienen keine Beachtung.

An die bedeutendften Schüler des PROKOP, an CHORICIUS und MARCIANUS, finden fich keine Briefe, wohl weil fie meift in Gaza waren oder mit der Herausgabe der Briefe in Beziehung ftanden. Von jenem ift im folgenden genauer zu fprechen, diefer unterfchrieb als Bifchof feiner Vaterftadt das Konzil von Jerufalem (a. 536)[3]. Er zeichnete fich befonders aus durch eine ungemeine Bauluft; von ihm erhalten wir zum teil Kunde aus dem Munde des CHORICIUS, der ihn mit zwei Lobreden und feine Mutter Maria mit einer Grabrede ehrte.

---

[1] *Comment. philol. ad* RIBBECK. *p. 413 f.*
[2] CEILLIER, *hist. gén. des aut. eccl. XIII.* 689 *ff.*; VALESIUS *vit.* SOZOM.; PHOT. *cod.* 30.
[3] *SS. Concilia.... studio* LABBEI *et* COSSARTII .... *curante* COLETI *T. V, p. 1261;* GALLANDIUS *bibl. XI. Prolegg. p. 21 f.*

Die erhaltenen Briefe und die Grabrede feines Schülers geben ein erfreuliches Bild von Prokop. Die Hauptzüge, welche hier zu Tage treten, find liebenswürdiges Intereffe und Opferwilligkeit für feine Freunde und Landsleute und eine immerwährende Thätigkeit im praktifchen und gelehrten Leben. Mit gutem Recht nennt ihn Photius φιλόπονον, das erkennen wir neben den andern Zeugniffen über ihn befonders aus feinen Schriften, die allerdings zum weitaus größten Teil theologifchen Inhalts find.

Prokop war von Haus aus ernfterer Natur als feine meiften Kunftgenoffen, und gewiß führte ihn ein inneres Bedürfnis zur Befchäftigung mit religiöfen und theologifchen Fragen[1]. Er hatte mit manchen feiner Zeitgenoffen und Freunde, von denen einige in fpäteren Jahren in den Priefter- oder Mönchsftand übertraten[2], eine eigentümliche Neigung zur Frömmigkeit; dachte er doch daran, ebenfalls diefer fündigen Welt gänzlich zu entfagen (B 105). Freilich vermochte er in feinen theologifchen Schriften das «σχῆμα» des Sophiften nicht ganz abzulegen, was ihm fchon Photius[3] zum Vorwurf machte, wo er eine allerdings unvollftändige Aufzählung diefer Werke giebt.

Was A. Mai[4] als Kommentar desfelben zum hohen Lied veröffentlichte, ift ficher nicht von ihm. Der Codex bietet den Namen des Gazäers gar nicht[5]. Andererfeits zeigt fchon eine oberflächliche Vergleichung mit den echten Kommentaren des Prokop die Unrichtigkeit der Vermutung des Herausgebers. Dazu tritt eine kurze Befchreibung des echten Kommentars von Curterius, dem Herausgeber des Efaias-Kommentars[6], die auf nichts weniger als auf den von A. Mai edierten paßt.

---

[1] ChB 11, 6; 109. — Flügge, Gefchichte der theol. Wiffenfch. Halle 1797, II. 220 ff.; Fabr. bibl. gr.; Cave 504.

[2] Z. B. Nilus, f. oben S. 17.

[3] Cod. 206: τῆς ἐξηγητικῆς διατυπώσεως ἔχει τι καὶ κομψότερον.

[4] *Class. auct. VI*; vgl. *Proöm.* S. 7.

[5] a. O. S. 348.

[6] *præf. IV a.*

CAVE[1] erwähnt unter den Anecdota des PROKOP einen Kommentar zu den 12 kleinen Propheten, von dem GARNERIUS eine lateinifche Überfetzung machte, die jedoch, wie es fcheint[2], nicht gedruckt worden ift.

Aus dem weitläufigen Kommentar zum Oktateuch find durch A. MAI[3] die Scholien zu den 18 erften Kapiteln bekannt geworden. In der Einleitung giebt PROKOP felbft die Grundfätze an, denen er bei der Herftellung feiner Kommentare folgte: τὰς καταβεβλημένας ἐκ τῶν πατέρων καὶ τῶν ἄλλων εἰς τὴν ὀκτάτευχον ἐξηγήσεις συνελεξάμεθα, ἐξ ὑπομνημάτων καὶ διαφόρων λόγων ταύτας ἐρανισάμενοι. ἀλλ' ἐπεί .... πρὸς πλῆθος ἄπειρον ἡμῖν ἐντεῦθεν τὸ σύγγραμμα παρετείνετο, συνεῖδον νῦν πρὸς μέτρον εὐσταλὲς συνελεῖν τὴν γραφήν. Diefen Kommentar überfetzte CONRAD. CLAUSERUS 1555 zu Zürich ins Lateinifche[4].

Die Scholien zu den vier Büchern der Könige und den zweien der Chronik gab heraus Jo. MEURSIUS Lugd. 1620, den Komm. zu Efaias Jo. CURTERIUS Par. 1580.

Im cod. reg. 2436 liegt noch ein Komm. zu den Sprüchwörtern begraben, deffen Anfang MONTFAUC. Palæogr. gr. S. 278 ff. veröffentlicht hat.

Endlich fteht nach dem Berichte des VILLOISSON[5] im cod. Marcian. 22 zu Venedig eine «ἐξηγητικῶν ἐκλογῶν ἐπιτομὴ εἰς τὸν Ἐκκλησιαστὴν ἀπὸ φωνῆς[6] Γρηγορίου Νύσσης, καὶ Διονυσίου Ἀλεξανδρέως, Ὠριγένους, Εὐαγρίου, Διδύμου, Νείλου καὶ Ὀλυμπιοδώρου, inedita, et doctissimo Fabricio prorsus ignota».

---

[1] *Hist. lit. scriptt. eccl. ed.* GEN. *1740, I, 505.*
[2] CAVE a. O.
[3] *Class. auct. VI.*
[4] S. auch CAVE S. 505.
[5] *Diatr. 27. 17.*
[6] ἀπὸ φωνῆς ift hier auffallend gebraucht, da weder PROKOP den Vortrag eines der Genannten befuchen, noch überhaupt jemand alle diefe zum Teil zeitlich weit auseinander liegenden Theologen perfönlich kennen konnte.

PROKOP befchränkte fich jedoch nicht auf die Erklärung der heiligen Schrift, fondern er trat auch als Vertheidiger feiner Religion auf. Ein hierher gehöriges Fragment ift von A. MAI[1] veröffentlicht unter dem Titel: ἐκ τοῦ εἰς τὰ Πρόκλου θεολογικὰ κεφάλαια ἀντιρρήσεων Προκοπίου Γάζης..... Wie diefe zahlreichen dickleibigen Werke weniger Intereſſe für uns haben, eben weil ihre formelle Seite mit der Sophiftik nichts zu thun hat, fo ift es um fo bedauerlicher, daß fo wenige Refte von den rhetorifchen Werken vorhanden oder bekannt find. Auch von den verlorenen find nur wenige Titel bekannt. Dazu gehören ein βιβλίον ὅλον, στίχων Ὁμηρικῶν μεταφράσεις εἰς ποικίλας λόγων ἰδέας ἐκμεμορφωμέναι, αἳ μάλιστα τὴν τοῦ ἀνδρὸς περὶ ῥητορικὴν δύναμιν καὶ μελέτην ἱκαναὶ πεφύκασιν ἀπαγγέλλειν[2]. Ein zweites Werk erwähnt CURTERIUS præf. IV a: «*Dicam etiam in Gallia, in reginae matris bibliotheca, reperiri progymnasmata Rhetorices huius (scil.* PROCOPII*) nomine inscripta....*» PHOTIUS (cod. 160) fpricht, aber fchon etwas unbeftimmt, von λόγοι πολλοὶ καὶ παντοδαποί[3]. Einige Titel verlorener Reden finden fich in dem Lexikon περὶ συντάξεως bei BEKKER[4], deſſen Verfaſſer eine befondere Vorliebe für PROKOP an den Tag legt: μονῳδία Ἀντιοχίας (S. 125, 26; 153, 21, 24), εἰς τὸν σώφρονα ἄρχοντα (139, 20), ἐπιτάφιος Σαλαμινίου (133, 10; 135, 13), εἰς τὸν γάμον τοῦ Μελετίου (169, 6); außerdem hielt er auf MARCIANUS eine Lobrede (ChB 23); MEGETHIUS (PB 49) fpricht begeiftert von einem Epithaphios.

Erhalten find unter feinem Namen zwei Reden, das Enkomion auf Anaftafius und die Μονῳδία εἰς τὴν ἁγίαν Σοφίαν πεσοῦσαν ὑπὸ σεισμοῦ; die letztere, herausgegeben von IRIARTE[5], ift ficher unecht[6]; jene veröffentlichte VILLOISSON[7] und nach ihm NIEBUHR[8].

---

[1] *Class. auct. IV.* 274 *f.*
[2] PHOT. *cod. 160.*
[3] Vgl. auch ChB 5, 14 ff.
[4] *Anecd. gr. I.*
[5] *Catal. codd. Matrit. I.* 264 *ff.*
[6] Vgl. unten S. 76.
[7] *Diatr.* 28 *ff.*
[8] *Corp. scriptt. hist. Byz. I.* 489 *ff.*

Endlich vermutet BERNHARDY[1], daß eine Reihe von Wörtern mit dem Namen PROKOP von dem Gaziäer ftamme, weil fie in den Werken des Gefchichtfchreibers nicht vorkommen.

Choricius.

Der bedeutendfte der uns bekannten Schüler PROKOPS und deffen Nachfolger im Amte ift CHORICIUS aus Gaza[2]. Von feiner Lebenszeit laffen fich aus den erhaltenen Reden einige Daten ermitteln, worüber mir ROHDE gütigft folgendes mitteilte: Die einigermaßen datierbaren Reden des CHORICIUS laffen fich folgendermaßen gruppieren: 1. Auf PROKOP nach 526, etwa 528. 2. Die erfte Rede auf den Bifchof Marcianus mit der Befchreibung der Kirche des heiligen Sergius. 3. Auf Aratius und Stephanus, gehalten, wie GRAUX fehr wahrfcheinlich macht, nicht nach Juli 536 und vielleicht erft nach dem Winter 533. 4. Auf Summus; dies ift die jüngfte der vier genannten Reden, jedenfalls nach 535, wahrfcheinlich erft nach 540. — Etwa zur gleichen Zeit ift die Rede εἰς τὰ τοῦ βασιλέως Ἰουστινιανοῦ βρουμάλια gehalten, auf jeden Fall vor dem Tode der Kaiferin Theodora (geft. Ende Juni 548).

Über die Zeit feines Todes läßt fich nur fagen, daß er in hohem Alter erfolgt ift[3]. Nach der damaligen Sitte feiner Landsleute ftudierte er eine Zeit lang in Ägypten (B 122, 1), um dann fein übriges Leben in Gaza zuzubringen.

Obgleich er mit Verzicht auf die Vielfeitigkeit feines Meifters feine ganze Kraft der rhetorifchen Kunft widmete, errang er doch den Einfluß in der Schule nicht wie fein Lehrer; wenigftens hört man nach ihm von keiner Pflege derfelben mehr in Gaza. Dagegen erreichte er ihn durch die Menge und übertraf ihn durch

---

[1] SUID. II. 2003.
[2] S. ChB S. VII—X.
[3] ChB 184, 23: ἐγώ, πάλαι μὲν καὶ γήρᾳ καὶ φθόνῳ τρυχόμενος ....

die allerdings ungefunde Eleganz der rhetorifchen Schriften[1]. Eine große Zahl feiner Deklamationen ift veröffentlicht durch BOISSONADE[2], GRAUX[3] und FÖRSTER[4]; von vielen anderen werden die Titel angegeben bei IRIARTE I. 593 ff., jetzt von R. FŒRSTER ChJ[1] 6 ff. Zwei von BOISSONADE unter den Titeln Χοριχίου μελέτη παιδοκτόνος (S. 205) und Πατρόκλου πρὸς Ἀχιλλέα μελέτη (239) ed. Deklamationen gehören ficher nicht dem CHORICIUS[5]. Manche Verfchiedenheiten in der Wahl der Wörter, im ganzen Stil, befonders aber die größere Kühnheit und Künftlichkeit der Tropen und Figuren laffen darüber keinen Zweifel. Einige befonders auffallenden Beifpiele mögen hier Platz finden: 255, 8 πρὸς ἀσέβειαν.... ὑποσκελίζονται; 251, 14 τὴν γνώμην ἐπεσφραγίσατο; 206 αὕτη (ἡ πρὸς τὸ κοινὸν εὔνοια) τὰς .... θυγατέρας ἀπέκτεινεν....; 270, 1 τοὺς ἡμετέρους ἱδρῶτας καρποῦται; dem CHORICIUS ift auch die Irrifio B 234, 7 ff. fremd, die fich durch mehrere Sätze hindurchzieht und befonders wirkfam wird durch die boshafte Wiederholung der Worte des Gegners, die ftändige Apoftrophe an denfelben, die genaue und umftändliche Ausmalung und Befchreibung. Nur in einer diefer Reden findet fich ein wirklicher Klimax[6]. Doch es würde zu weit führen, alle derartigen Dinge aufzuzählen.

CHORICIUS' Schriften zeigen eine fklavifche Abhängigkeit von feinem Lehrer; er felbft macht fo wenig Hehl daraus, daß er fich deffen rühmt (B 2, 3; 109)[7]. Seine Schriften fcheinen ein förm-

---

[1] S. PHOT. cod. 160.
[2] *Choricii Gazæi orationes declamationes fragmenta.* Paris. 1846.
[3] In *Revue de philologie, de littérature et d'histoire ancienne I. p. 55 ff. und 209 ff.*; MÉLANGES GRAUX.
[4] HERMES 17 p. 193 ff.; Index lect.... Vratisl. per aest. 1891 und per hiem. 1891—1892.
[5] S. VILLOIS, Anecd. gr. p. 17 Anmerkung 2 und von ROHDEN *De mundi miraculis Diss. Bonn. 1875. S. 41.*
[6] ChB 252, 11: οὐ τοίνυν πολλὰ καὶ λαμπρὰ χαριζόμενος Βρισηίδα τῶν δώρων ὠνεῖται, οὔτε δίδωσι μέν, δίδωσι δὲ τῆς εὐνῆς ἐπιβάς, οὔτε κοσμίως ἀποδιδούς, ἐν ὑπονοίαις δυσχεραίνειν παρῆκεν.
[7] S. auch PHOT. cod. 160.

licher Abklatſch von denen des PROKOP zu ſein, wenn man betrachtet, wie viel allein aus der Rede auf Anaſtaſios herübergenommen iſt; abgeſehen von allgemeineren, weniger faßbaren Zügen vergleiche man: PA 497, 14 καὶ μᾶλλον τοῦ πάθους ὁ τῶν μελλόντων φόβος ἐλύπει· φήμη δέ τις οὐκ εὐτυχὴς τὰς τῶν ἁπάντων διέσειεν ἀκοάς, ἐπ' ἄλλοις ἄλλα διηγουμένη, καὶ πάντα δεινά. ἦν γὰρ ἀκούειν πόλιν ἁλισκομένην, ἁρπαζομένην εὐδαιμονίαν, ἐλαυνομένας γυναῖκας εἰς ἀσέλγειαν ἠναγκασμένην, ὑβριζομένους παῖδας, αἰκιζομένην πολιάν, ἑλκομένην νεότητα, καὶ παρθένους ἀγομένας, οὐ πρὸς εὐτυχῆ παστάδα καὶ νύμφιον εὐδαίμονα . . . . πάντα γὰρ προὔκειτο τούτοις: ChB 31, 12 οὐ γάρ ἐστι γλυκεῖαν ἄγειν εἰρήνην ἐν ὑποψίᾳ πολέμου. Ἡ γὰρ ἐλπὶς εἰςιοῦσα τὸν λογισμὸν . . . . παρακαθημένη καὶ στένουσα καὶ φοβερὰς ἀναπλάττουσα φαντασίας, γῆρας οὐδαμῶς ἐλεούμενον, κόρην ὑβριζομένην, ἑλκόμενον ἐς δουλείαν παιδίον, ἀγομένην ἐκ παστάδος γυναῖκα· τοιαῦτα τοίνυν ἐνεικονίζουσα τῇ ψυχῇ, στρέψει τε καὶ φοβεῖ . . . .; PA 491, 20 : ChB 107 f.; 492, 22 : 16, 16 und ſonſt; 502, 10 : 4, 12 und ſonſt; 512, 9 und 514, 16 : RP 64, 6; das Ende der Rede auf Anaſtaſius mit B 48 und RP 85. So weitgehende Benützung mochte bald bei manchen Schriften Zweifel über die Autorſchaft hervorrufen, und wirklich finden ſich einige Ethopoiien unter· den Schriften des CHORICIUS, die in BEKKERS Anecd. gr. dem PROKOP zugeſchrieben werden. Der wahre Sachverhalt läßt ſich ſchwerlich mehr ermitteln.

Äneas.

Den Mittelpunkt eines zweiten Kreiſes, der ſich aber mit dem PROKOPS berührt, bildet ÄNEAS von Gaza. Die ziemlich ausgiebigen Nachrichten über ihn finden ſich faſt ausſchließlich in ſeinen eigenen Schriften und können hier in wenige Sätze zuſammengefaßt werden, da WERNSDORF (AD S. IX ff.) ſchon den ſorgfältigſten Gebrauch von ihnen gemacht hat.

ÄNEAS nennt fich felbft (D 1 f.; 19, 21) Schüler des Alexandriners HIEROKLES, unter dem man, trotz der Bedenken einiger Gelehrten[1], den um wenige Jahre älteren Zeitgenoffen des PROKLUS und Vorfteher der neuplatonifchen Schule der genannten Stadt zu verftehen hat. Dies wird durch die Übereinftimmung von Zeit und Ort wahrfcheinlich gemacht und beftätigt durch die eingehende Kenntnis des Neuplatonismus, als deffen Anhänger in einer für einen Chriften bedenklichen Weife er fich in feinem Dialog bisweilen verrät, wie er in einer Handfchrift geradezu Πλατωνικός genannt wird. Aber dies giebt keineswegs die Berechtigung, ihn, wie viele Gelehrte thun, zur Zeit feines Aufenthaltes in Alexandria noch für einen Heiden zu halten. CHASTEL[2] macht ihn infolge oberflächlichen Ausfchreibens des BARONIUS[3] oder des GALLANDUS[4] gar zum Bifchof von Gaza, natürlich in Verwechfelung mit dem gleichnamigen Vorgänger des bekannteren Bifchofs Porphyrius. Als (vielleicht älteren) Zeitgenoffen des PROKOP erkennen wir ihn aus den Briefen an den Iatrofophiften GESSIUS[5]. Daß hingegen unfer ÄNEAS bei PROKOP (B 22, 83, 87, 88) gemeint ift, wird fehr unwahrfcheinlich durch die Worte τέχνην οἶδε τοὺς νόμους . . . . (22). Sein Dialog ift vor dem Jahre 534 gefchrieben, da die Worte τὴν μεγίστην Λιβύην πικρὰ κατέχει τυραννίς (AD 75, 25) deutlich angeben, daß das Vandalenreich in Afrika noch nicht zerftört ift.

Neben der Philofophie befchäftigten ihn auch die bekannten fophiftifchen Spielereien der Rhetorik (AB 15), als deren Lehrer er fpäter in Gaza eine große Schar eifriger und vornehmer Jünglinge aus den entfernteften Gegenden um fich fammelte (B 13, 16),

---

[1] Vgl. AD 160.

[2] *Histoire de la destruction du paganisme dans l'empire d'orient.* Par. 1850. S. 229.

[3] *Annales eccl. ad ann. 484, § 91.*

[4] X. *Prolegg. XXII ff.*

[5] 19, wo fich der Name PROKOP wahrfcheinlich auf unfern Sophiften, nicht wie WERNSDORF (S. XI) meint, auf einen Sohn eines Elpidius bezieht, und 20.

fo daß er fich rühmen konnte (B 18), daß feine Reden und Portraits durch feine Schüler den Weg zu den Ioniern fanden.

Neben den fchon bei der Befprechung des PROKOP genannten Freunden des ÄNEAS nennen deffen Briefe nur noch wenige neue Namen, von denen wieder nur ein einziger genauer bekannt ift: es ift der Verfaffer einer Anzahl Mufterbriefe, der Sophift DIONYSIUS aus Antiochia, wie aus den Worten des ÄNEAS hervorgeht (17): Καλλιόπη θαυμάζουσα τὴν πόλιν ὑμῖν παρακάθηται. Denn wir wiffen, daß gerade in Antiochia diefe Mufe einen prächtigen Tempel hatte[1]; und auf ihn fcheint ÄNEAS anzufpielen.

Der Sophift EPIPHANIUS (12, 23, 4), ein Schüler des ÄNEAS[2], hat wohl mit dem gleichnamigen Freund des PROKOP nichts zu thun, da jener von PROKOP als Jurift bezeichnet wird. Dagegen fcheint der Schüler des ÄNEAS einen gemeinfamen Freund der beiden Gazäer, den Sophiften ZONÆUS, als guten Rhetor zu preifen (AB 4, PB 107). REINESIUS[3] hält diefen Freund des ÄNEAS für den von SUIDAS[4] erwähnten Verfaffer von ἐρωτικαὶ ἐπιστολαὶ καὶ ἀγροικικαί, von denen wohl auch das Schriftchen περὶ σχημάτων τῶν κατὰ λόγον καὶ κατὰ λέξιν[5] ftamme[6].

---

[1] MÜLLER, Antiq. Antioch. S. 69 Anm. 4 und S. 106 f.
[2] Vgl. das Epigramm im cod. Aug. (AD 156, 27):
Αἰνείου πόνος οὗτος, ὃς ἔξοχος ἀτθίδι μούσῃ
Ῥητήρων τεγαὼς καὶ θειοτέροις ἐνὶ μόθοις
Τοὺς νῦν καὶ τοὺς πρόσθε παρέδραμεν, ὡς τόδε γράμμα
Ἀτρεκέως ἤλεγξε [πονηθὲν] μήτιδι πυκνῇ (fo E. ROHDE ftatt des unverftändlichen ἤλεγξε μηκέτι πυκινῇ).
Γάζα μέγα φρονέοις, ὅτι τοίου πατρὶς ἐτύχθης,
Ὅστις καὶ ῥητὴρ᾽ Ἐπιφάνιον ἐξεδίδαξεν.
Die Anfangsbuchftaben der Verfe ergeben den perfifch klingenden Namen Αρταγος; vielleicht nennt fich damit der Verfaffer des Epigramms.
[3] *Varr. lect. p. 690.*
[4] Ζωναῖος ἔγραψεν ἐρωτικὰς ἐπιστολὰς καὶ περὶ τοῦ σφαιρίζειν· φέρονται δὲ αὐτοῦ καὶ ἕτεραι (BERNH.: ἑταιρικαὶ) ἐπιστολαὶ καὶ ἀγροικικαί.
[5] Rhet. gr. III. 161—170 Sp.
[6] ROHDE, Gr. Rom. S. 343. L. COHN, Philol. Abh. M. HERTZ zum 70. Geburtstag S. 128 f., dagegen weift nach, daß das Schriftchen anonym überliefert und der Name des ZONÆUS im cod. Par. 2929 von dem bekannten Fälfcher PALÄOKAPPA zugefetzt worden fei.

Rohde[1] deutet als möglich an, daß die unter Aristænetus' Namen gehende Sammlung erotifcher Briefe von eben diefem Zonæus ftamme. Daß nicht Aristænetus aus Bithynien, der Freund des Libanius, fie gefchrieben, hat man längft erkannt[2], ebenfo daß der Namen fälfchlich aus der Überfchrift des in der verftümmelten Sammlung zufällig an erfter Stelle ftehenden Briefes erfchloffen ift[3]. Jedenfalls ftammen die Briefe aus der Zeit der Gazäer[4] und erinnern mit ihrer ganzen Manier, den zahllofen Hyperbata, der Sucht nach Gemeinplätzen, dem zierlichen Satzbau u. f. w. an die gazäifche Schule.

Der Sophift Sopatrus (9) erinnert an den gleichnamigen Verfaffer der ἐκλογὴ ἱστοριῶν[5], von Biographieen[6], von διαιρέσεις ζητημάτων und breiten Scholien zu den στάσεις des Hermogenes[7].

Mit Sarapion, der ἱερεὺς fein könnte (16), ließe fich Suidas v. Σαραπίων vergleichen[8].

Theodorus (18) fcheint in Smyrna zu fein, wie Nicolai (III. 225) bemerkt, und fcheint dort durch feine, bei Äneas erworbene[9] «εὐφωνία» bewirkt zu haben, daß «τῶν Ἀθηναίων οἱ παῖδες .... παρὰ τῶν Σύρων ἀττικίζειν ἀξιοῦσι μανθάνειν .... παρ' ἡμῖν τὴν ἀκαδήμειαν καὶ τὸ λύκειον εἶναι νομίζοντες.

Von feinen übrigen Bekannten läßt Äneas wenig mehr als den Namen erraten, fo von den beiden Dichtern Konstantin aus Italien (9) und Paulus, dem Konful Marinianus, welchem der Rhetor Ponton, Viktor, Stephanus und andere empfohlen werden, und dem Redelehrer Encratius (13).

---

[1] a. O.
[2] S. Mercerus in der Ausg. d. Aristæn. v. Boissonade praef. XII.
[3] Westermann III. N. 28.
[4] Passow, Verm. Schriften 94 ff. und Dilthey, De Callimachi Cydippa 165. S. überhaupt Aristæn. ed Boisson, praef. I—XVI.
[5] Phot. cod. 161.
[6] Cram. Anecd. Par. I. 389.
[7] Rhett. gr. IV, V, VIII W.
[8] S. Brunck Anal. II. 291.
[9] ὁ ἐμὸς ῥήτωρ Θεοδῶρος· πάντως ἐμὸν καὶ τοῦτο εἴγε τὰ τῶν παίδων καλὰ τοῦ πατρὸς εἶναι νομίζεται· ἀλλ' εὖγε τῆς ὑμετέρας εὐφωνίας ....

Sind auch diese Briefe nach Inhalt und Form für uns der wertvollere Teil der erhaltenen Schriften des Äneas, so verdankt er doch seinen Ruhm und vielleicht die Erhaltung seines Namens überhaupt dem Dialog «Theophrastos», in welchem er, durch seine philosophischen Studien in Alexandria unterstützt, gegen den Neuplatonismus auftritt, der die Ewigkeit der Welt behauptet. Und gerade hier begegnet es ihm bisweilen, daß er neuplatonische Dogmen ohne weiteres mit christlichen zusammenwirft, fast der einzige Fehler, den ihm die Gelehrten, selbst Wernsdorf nicht ausgenommen, zum Vorwurf machen. Allein gegen die wahrhaft enthusiastischen Lobeserhebungen in jener Zeit ist eine kühlere Beurteilung wohl am Platze. Die Kenntnis der Philosophen, gegen die er auftritt, ist eine mittelmäßige. Er kennt zwar, wenigstens aus einigen Schriften, seinen Plato; aber er bildet sich nach der Mode früherer Jahrhunderte immer noch ein, daß der große Philosoph seine Wissenschaft bei den Chaldäern und Ägyptern geholt habe. Er kennt auch die Platoniker, aber, wie es scheint, mehr aus bequemen Kompendien als unmittelbar aus den weitläufigen Werken derselben. Auch seine schriftstellerische Leistung ist nichts weniger als gut. Die Charaktere der auftretenden Personen sind zum Teil von vornherein unwahr, zum Teil nicht konsequent durchgeführt. Der Dialog ist infolgedessen ohne Leben, das ganze eine Spiegelfechterei, da der erbärmliche Theophrast sich schon beim ersten Angriff ergeben möchte.

Woher Stark[1] die Notiz hat, daß Äneas noch *selecta Plotini super dialectica* geschrieben, war nicht ausfindig zu machen.

Zosimus.

Ohne hinreichenden Grund macht Nicolai III. 229 den Äneas (B 10) zum Freund, den Prokop gar zum Lehrer des

---

[1] Gaza 634 Anm. 3.

ZOSIMUS von Gaza[1], über deſſen Leben wir ſehr mangelhaft unterrichtet ſind. Selbſt über ſeine Heimat ſcheinen ſchon frühe Zweifel beſtanden zu haben; die kurze Nachricht bei SUIDAS lautet nämlich: Ζώσιμος Γαζαῖος ἢ 'Ασκαλωνίτης, σοφιστής, κατὰ τοὺς χρόνους 'Αναστασίου τοῦ βασιλέως, ἔγραψε λέξιν ῥητορικὴν κατὰ στοιχεῖον καὶ ὑπόμνημα εἰς τὸν Δημοσθένην καὶ εἰς Λυσίαν. Die Bezeichnung 'Ασκαλωνίτης erinnert an eine Notiz des TZETZES[2] πρὸ Ἑρμογένους ἔγραψαν καὶ ἄλλοι γὰρ ἰδέας, αὐτὸς ὁ Διονύσιος, σὺν ᾧ καὶ Βασιλίσκος, καὶ Ζήνων δὲ, καὶ Ζώσιμος ἀνὴρ 'Ασκαλωνίτης. So wenig Vertrauen dieſe Notiz infolge ihrer falſchen Chronologie[3] erwecken mag, ſo darf man aus ihr doch auf die Exiſtenz eines ZOSIMUS von Ascalon ſchließen. Man könnte nun annehmen, daß ein und derſelbe Sophiſt dieſe doppelte Bezeichnung aus dem gleichen Grunde erhalten habe, mit dem ſchon CHRYSIPP Ταρσεὺς ἢ Σολεὺς genannt wurde, eben weil er ſeinen Wohnſitz von Tarſus nach Soli verlegte. Aber dem widerſprechen die unvereinbaren Nachrichten über die Zeit des ZOSIMUS. SUIDAS ſetzt den ZOSIMUS von Gaza oder Ascalon unter die Regierung des Anaſtaſius (491—518), CEDRENUS[4] und andere berichten, daß ZOSIMUS von Gaza vom Kaiſer Zeno (473—491) getötet worden ſei. Dieſe Unſicherheit in der Angabe über die Heimat und der Widerſpruch in der Chronologie bei SUIDAS und CEDRENUS wird am beſten durch die Annahme CLINTONS[5], die auch ROHDE für ſehr wahrſcheinlich hält, gehoben, daß nämlich ZOSIMUS von Gaza, getötet von Zeno, und ZOSIMUS von Ascalon, der unter Anaſtaſius blühte, ganz verſchieden und beide von SUIDAS irrtümlich zuſammengeworfen ſeien.

---

[1] PROKOPS 151. Brief iſt an einen ZOSIMUS gerichtet, der zwar einſt ſein Schüler war, nun aber Juriſt genannt iſt und alſo mit dem Sophiſten ZOSIMUS (ſei es aus Gaza oder Ascalon) ſchwerlich identiſch ſein kann.

[2] *Schol. in* HERMOG. GRAM. *Anecd. Ox. IV. p. 126, 7.*

[3] S. DINDORF Schol. z. DEMOSTH. p. XIX.

[4] S. 354: τὰ ὅμοια δὲ πέπονθε καὶ Ζώσιμος ὁ Γαζαῖος ῥήτωρ.

[5] *Faſti R. II. 323.*

Vielleicht ist unser ZOSIMUS im Codex .Matrit. 58 fol. 139 (IRIARTE I, 197) gemeint: Ἐκ τῶν Ἀθανασίου τοῦ σοφιστοῦ Ἀλεξανδρείας ἃ Ζώσιμος ὁ Θέωνος διωρθώσατο μαθητὴς τὰ χρησιμώτατα; denn sowohl THEON wie ZOSIMUS beschäftigten sich mit DEMOSTHENES und ISOKRATES; außerdem würde ein Aufenthalt des ZOSIMUS in Alexandrien ganz der Sitte seiner Landsleute entsprechen.

Das rhetorische Lexikon und der Kommentar zu DEMOSTHENES und LYSIAS, die SUIDAS nennt, sind verloren gegangen [1]. Dagegen soll das Lexikon des ZOSIMUS von Ascalon zu DEMOSTHENES in der Bibliotheca Vat. noch vorhanden sein [2]. Endlich suchte DOBREE [3] zu beweisen, daß nur die Prolegomena zu den Olynthischen und Philippischen Reden ausschließlich von ULPIAN herrührten, während die Scholiensammlung zu diesem Redner dem ZOSIMUS von Ascalon gehöre. Er gründete seine Behauptung auf die Wahrnehmung, daß den DEMOSTHENES-Scholien im Cod. Par. Y die von ZOSIMOS von Ascalon verfaßte Biographie des Redners vorausgeht, daß ZOSIMUS sich in ähnlicher Weise mit ISOKRATES beschäftigt hat, und daß - endlich das Scholion zu S. 742, 23 ausdrücklich auf die genannte Vita des DEMOSTHENES hinweist. Nach W. NITSCHE [4] jedoch gehört dem ULPIAN nur die Besprechung der ersten Olynthischen Rede an, Schol. S. 1—17 DIND.; er vermutet, fast alle Scholien zu DEMOSTHENES seien aus dem Kommentar des MENANDER, eines Zeitgenossen des Mark Aurel [5], geflossen; ZOSIMUS sei also nicht erster Urheber, sondern nur Bearbeiter gewesen, und vielleicht habe schon er die Erklärung der Reden von denen gegen Aphobos an als für die Schule unwesentlich beiseite gelassen.

Die schon genannte Biographie des DEMOSTHENES in WESTERMANNS *Biographi gr.* (S. 297 ff.) trägt den Namen des ZOSIMUS

---

[1] S. DEMOSTH. *ex rec.* DIND. *VIII. p. XX.*
[2] a. O.
[3] a. O. p. XII f.
[4] Der Rhetor MENANDER u. d. Schol. z. DEMOSTH. Progr. Berl. 1883. S. 10 f.
[5] a. O. S. 12 f.

von Ascalon; den gleichen Verfaſſer hat eine anonym überlieferte Biographie des ISOKRATES (a. O. S. 253 ff.); das zeigt eine Verweiſung am Anfang der erſteren auf den der letzteren, das zeigen ferner zahlreiche gleiche Wendungen[1] und der ganze Charakter der beiden Schriftchen. Ihrer Natur nach paſſen ſie ganz gut zu der Schreiberei der übrigen Gazäer. An ſich ſind ſie wertlos, da ſie nichts bieten, was nicht von anderer Seite ſchon bekannt wäre.

Während die beſprochenen Gazäer in den Nachrichten der Alten als Sophiſten bezeichnet werden, haben TIMOTHEUS und JOHANNES von Gaza den Namen Grammatiker.

Timotheus.

TIMOTHEUS von Gaza, deſſen faſt unbekannte Lebensumſtände und Werke HAUPT (Herm. III. 1 ff.) ſchon genauer unterſucht hat[2], war Schüler des HORAPOLLON in Alexandria[3] und Zeitgenoſſe des Anaſtaſius, den er in einer «τραγῳδία»[4] um Abſchaffung der drückenden, χρυσάργυρος genannten Steuer bat[5], die 501 wirklich erfolgte. Dieſe «τραγῳδία» ſcheint, wenn auch unvollſtändig, im Kloſter des hl. Athanaſius auf dem Berge Athos erhalten zu ſein, wie aus einem Katalog hervorgeht, welchen CHRYSANTH, der Patriarch

---

[1] z. B. 297, 8 = 259, 68; 298, 41 = 256, 94; 299, 67 u. 300, 90 u. 96 = 254, 10; 302, 45 = 259, 64.

[2] Vgl. noch MONTFAUC.: cod. Coisl. p. 597.

[3] EGENOLFF, Progr. Heidelberg 1888. S. 34, 9: An einer Stelle (des Codex Vallicellianus E 11) werden TIMOTHEUS und HORAPOLLON ſo citiert: στρατεία εἰ αὐτὴ ἡ ἀξία, καὶ βαρυτόνως, ὥς φησιν ὁ Τιμόθεος ὁ Γαζεὺς γραμματικὸς ἐν ταῖς κατὰ στοιχεῖον διφθόγγοις, οὐ μὴν ἀλλὰ καὶ Ὡραπόλλων ὁ τούτου διδάσκαλος . . . .

[4] S. ROHDE, Gr. Rom. S. 352; CHRIST, Griech. Litt.-Geſch.² 1644.

[5] CEDREN. p. 357: πρέσβεις τοίνυν δεξάμενος ὁ βασιλεὺς ὑπὸ τῶν ἐν Ἱεροσολύμοις μοναχῶν, καὶ Τιμοθέου τοῦ Γαζαίου ἀνδρὸς τὰ πάντα σοφοῦ τραγῳδίαν ποιήσαντος ὑπὲρ τοῦ τοιούτου, ταῦτα ἐξέκοψε. SUIDAS v. Τιμόθεος.

von Jerufalem, zu Anfang des vorigen Jahrhunderts angefertigt und den SATHAS veröffentlicht hat[1].

Nach dem Jahre 496 fchrieb er in epifchem Versmaß vier Bücher περὶ ζώων τετραπόδων θηρίων τῶν παρ' Ἰνδοῖς καὶ Ἄραψι καὶ Αἰγυπτίοις καὶ ὅσα τρέφει Λιβύη, καὶ περὶ ὀρνέων ξένων τε καὶ ἀλλοκότων καὶ ὄφεων. Daraus ift ein fehr kurzer, im 11. Jahrh. gemachter Auszug erhalten, den HAUPT Herm. III. 1 ff. aus einem Cod. Aug. herausgegeben hat. Diefes Stück ergänzt man durch ein kürzeres Excerpt in einem Cod. Par. C.[2] Aber mit Recht zweifelt HAUPT, ob das Stück Herm. III. 30, 12 ff. von TIMOTHEUS ftamme. Indes fcheint alles, was aus dem Cod. Par. C. ediert ift, verdächtig. Im Aug. ift jedes Kapitel mit Nummer und Überfchrift verfehen[3], nicht fo im Par. Das Excerpt des Par. betrachtet die Tiere nur in Beziehung zu dem Menfchen, indem es Jagdregeln giebt[4] und[5] die Nutzbarkeit der Tiere und ihrer Teile ins Auge faßt[6]. Im Aug. werden faft ausfchließlich die Eigentümlichkeiten der Tiere an fich, d. h. ohne Rückficht auf ihren Wert für den Menfchen befprochen[2]. Entweder hat TIMOTHEUS gar keinen Teil an dem Excerpt des Cod. Par., oder der Epitomator hat eben fein Augenmerk auf ganz andere Dinge gerichtet. Das Werk des TIMOTHEUS war nicht fowohl eine Naturgefchichte, als eine Samm-

---

[1] SATHAS, Μεσαιωτικὴ Βιβλιοθήκη I. 271: Τιμοθέου Γραμματικοῦ, πρὸς τὸν αὐτοκράτορα Ἀναστάσιον· ἀτελές.

[2] Herm. III. 29, 5 ff.

[3] z. B. κεφ' δ' περὶ δαίνης· ὅτι ἐνιαυτὸν παρ' ἐνιαυτὸν γίνεται ἄρρην καὶ πάλιν θήλεια.

[4] S. 30, 12: ὀκτάπουν ἁλιεῦσαι εἰ θέλεις, λαβὼν κλάδους ἐλαίας ἀποκρέμασον εἰς τὴν θάλασσαν ....

[5] Diefe Jagdregeln ftehen alle in dem zweiten, von HAUPT angezweifelten Teil des Parifer Excerptes (Herm. III. 30, 12 ff.) und bilden fo felbft wieder einen Gegenfatz zu der erften Hälfte desfelben. Auch hinfichtlich der fprachlichen Form ift das erfte Stück von dem zweiten verfchieden, infofern hier alle Abfchnitte einen Bedingungsfatz enthalten, der im erften zu fehlen pflegt.

[6] 29, 10: ὅτι οἱ ὀδόντες τῆς φώκης ἄλοπον παρέχονται παιδίοις ὀδόντων ἔκφυσιν ....

lung von Fabeln und wunderbaren Erzählungen, die fich paffend neben die Spielereien der andern Gazäer ftellen[1].

Die Bezeichnung des TIMOTHEUS als γραμματικὸς beftätigen noch heute verfchiedene Refte grammatifcher Schriften. Im cod. Coisl. 387 ift ein Werk von ihm unter dem Titel vorhanden: Τιμοθέου Γάζης κανόνες καθολικοὶ περὶ συντάξεως[2]: über die Gefetze, nach denen fich die Buchftaben zu Silben und Wörtern zufammenfügen[3]. Im cod. Vallicellianus E 11 und cod. Laurent. LIX. 49 wird ein anderes Werk von ihm erwähnt und benützt, das περὶ ὀρθογραφίας πρὸς Ἀρκεσίλαον betitelt ift. EGENOLFF[4] meint, daß unter den Titeln ἐν ταῖς κατὰ στοιχεῖον διφθόγγοις und ἀντιστοιχάριον τῶν κδ΄ στοιχείων Teile der genannten Schrift zu verftehen feien.

Was BERNHARDY[5] meint, wenn er EUSEBIUS und TIMOTHEUS unter den Leuten nennt, «welche die fprödeften Stoffe der Zeitgefchichte epifch behandelten», ift mir nicht recht klar. Vielleicht meint er die «τραγῳδία» des Grammatikers; denn von TIMOTHEUS fcheint ein Werk hiftorifchen Inhalts von anderer Seite nicht bezeugt zu fein. Allerdings nennt ihn auch MIRÄUS[6] einen Mann, «qui sub Anastasio imp. egregium historici, philosophici et grammatici nomen habuit».

Johannes.

Weit fchlimmer noch als um die Nachrichten der profaifchen Schriftfteller Gazas ift es mit deffen Poeten beftellt. Selbft von dem uns allein genannten Grammatiker JOHANNES hat man Vaterland, Lebenszeit, ja die ganze Exiftenz in Zweifel gezogen. So

---

[1] Über die Quellen des TIMOTHEUS f. BUSSLER, FLECKEISENS Jahrb. Bd. 139. S. 128 ff.
[2] Herausg. v. CRAM. Anecd. Par. IV. 239 ff.
[3] A. LENTZ, Herod. reliq. praef. p. 97.
[4] Progr. Heidelb. 1888, S. 34.
[5] Litt.-Gefch. I. 671.
[6] Bibl. eccl. I. 202.

greift PETERSEN[1] die Form Γάζης in der Überschrift der erhaltenen ἔκφρασις, ftatt Γαζαίου oder Γαζηνοῦ, an und kommt zu dem überrafchenden Schluß, daß diefer JOHANNES identifch fei mit JOHANNES PHILOPONUS, — natürlich: denn ein Gaziier als Verfaffer diefer ἔκφρασις verträgt fich nicht mit der Behauptung desfelben Gelehrten, daß das dem Gedichte zugrunde liegende Gemälde eben nicht in Gaza, fondern in Antiochia zu fuchen fei. Andere Schwierigkeiten, die fich feiner äußerft fchwach geftützten Behauptung hinfichtlich des Ortes entgegenftellen, fucht er nicht einmal zu befeitigen, wie z. B. die hartnäckige Betonung in der Über- und Unterfchrift, daß das Gemälde fich in einem Winterbad befunden habe, während die Quelle, auf welche fich PETERSEN ftützt, bloß von einem δημόσιον λουτρὸν berichtet. Im übrigen hat LUDWICH[2] die einzelnen Behauptungen PETERSENS zurückgewiefen. Er ficherte die Form Γάζης und zeigte, daß das Gemälde doch in Gaza gewefen fei, in einer, trotz PETERSEN, an folchen und andern Kunftwerken reichen Stadt, wie aus gleichzeitigen Befchreibungen, z. B. bei CHORICIUS, hervorgeht. Diefes zugegeben, läßt fich die Zeit des JOHANNES näher begrenzen, als es bisher gefchehen war. Schon längft haben die Gelehrten nachgewiefen, daß der Grammatiker in feiner Befchreibung den Spuren des NONNUS, den man in den Anfang des 5. Jahrhunderts fetzt, gefolgt fei, daß er alfo nach jenem, d. h. nicht vor der Mitte desfelben Jahrhunderts geblüht habe[3]. Daß er in dem Scholion zu der Befchreibung zugleich mit oder vielmehr vor PROKOP und TIMOTHEUS genannt wird, fcheint für die Berechnung feiner Zeit weniger bedeutfam als LUDWICH glaubt[4]. Dagegen läßt fich aus der Vergleichung zweier Stellen des CHORICIUS mit der ἔκφρασις Genaueres ermitteln. Derfelbe fagt nämlich in der Grabrede auf PROKOP[5], daß der Bifchof Marcianus das Bad

---

[1] Rhein. Muf. 8, 384 f.
[2] Rh. Mus. 44, 194 ff.
[3] S. ROHDE, Gr. Rom. 472.
[4] S. oben S. 9.
[5] ChB 23, 17.

dem Gebrauche übergeben habe: τό τε λουτρὸν ἀνέῳκται διά σε; dies wird kaum lange vor 526 geschehen sein, da der Bischof ein Schüler des PROKOP war. An einer andern Rede, die nicht nach 536 gesprochen ist, läßt CHORICIUS den STEPHANUS sagen: ἀνοίξω τοῖς ἐνοικοῦσιν ἕτερον χειμῶνος ὥρᾳ λουτρὸν καὶ μετοχετεύσω λουομένοις πότιμον ὕδωρ καὶ λίαν ἐπιτήδειον εὐεξίᾳ σωμάτων[1]. Wenn in dieser Zeit ἕτερον auch nicht mehr den Begriff «einer von zweien» festhält, so darf man doch aus der Vergleichung der beiden Stellen schließen, daß Marcianus das erste Bad gebaut hat, STEPHANUS das zweite in Ausficht stellt. Nun kennt aber JOHANNES blos ein Bad, wie in der Über- und Nachschrift der ἔκφρασις betont wird: Also wird das Bild, welches er beschreibt, sich in dem älteren Bad befunden haben und das Gedicht etwa zwischen 526 und 536 entstanden sein. Die Behauptung PETERSENS, daß das Gemälde aus der Zeit des Augustus stamme, ist so haltlos, daß sie einer Widerlegung nicht bedarf. JOHANNES mag demnach ein Zeitgenosse des CHORICIUS gewesen sein. Diese Ansicht wird sehr empfohlen durch den Umstand, daß die gleiche Zeit sich aus einer ganz andern Rechnung ergiebt. R. HOLLAND[2] meint, daß der Dichter der «Arethusa und Alpheios» dem PROKOP und MUSÄUS bekannt war, vielleicht mit dem letzteren identisch und von unserem JOHANNES an verschiedenen Stellen benutzt worden sei: JOHANNES hätte also auch hiernach später gelebt als MUSÄUS und PROKOP — etwa zur Zeit des CHORICIUS; denn aus dem Inhalt der Anakreonteen (IV, V, VI, II, III), die auffallend mit einer Anzahl von Deklamationen des CHORICIUS übereinstimmen, muß gefolgert werden, daß JOHANNES nicht gar lange nach der Zeit dieses Sophisten gelebt hat.

Seinen Beinamen γραμματικὸς bestätigen zwar nicht mehr erhaltene grammatische Schriften; aber wir wissen, daß er junge Leute unterrichtete[3]. JOHANNES war wohl in der Hauptsache

---

[1] RP 78, 7.
[2] *Comment. philol. quibus* O. RIBBECKIO .... *Lps. 1888. p. 413 f.*
[3] Vgl. die Überschrift von carm. IV. u. V., auch Vers 49 ff. von V.

Grammatiker, und der Verluſt etwaiger grammatiſcher Schriften mag ebenſo ein Werk des Zufalls ſein, wie die Erhaltung ſeiner elenden Verſe.

Die erhaltene ἔκφρασις τοῦ κοσμικοῦ πίνακος[1] wurde vor einem θεατρὸν φαιδρὸν ἡττικισμένον, στήριγμα σεμνὸν τῆς δίκης καὶ τῶν λόγων (I, 20 f.) vorgetragen. Sie gehört in die Klaſſe der Beſchreibungen, welche beſonders von den gazäiſchen Sophiſten gepflegt wurden, und von denen auch ein CHORICIUS Zeugnis giebt.

Auch ſeine Anakreonteen[2] fallen inhaltlich zum großen Teil mit den Deklamationen des CHORICIUS über Aphrodite, Adonis, die Roſe und ähnliche Dinge zuſammen.

Irrtümlicher Weiſe hat DU CANGE[3] ein Fragment aus der ἱστορία χρονική des JOHANNES von Antiochia[4] dem JOHANNES von Gaza zugeſchrieben und wohl erſt aus dem Inhalt des Fragmentes den Titel περὶ ἀρχαιολογίας erſchloſſen.

Wir ſahen ſchon oben, daß Gaza verſchiedene Dichter in anakreontiſcher Manier beſaß, daß alſo JOHANNES nur einer von ihnen war und, wie es ſcheint, nicht der bedeutendſte. Aber die Namen ſind verloren: Unter den vier Anakreontikern, welche der Cod. Barberinus 246, der dieſe Erzeugniſſe überliefert, nennt, könnte man mit STARK[5] nur den Grammatiker GEORGIUS für einen Gazäer halten, da die ſieben erhaltenen Gedichte desſelben ſich in dem gleichen Kreiſe bewegen, wie die Produkte jener. Auf einen gleichzeitigen Enkomiendichter, welcher in Gaza (ChB 26, 3) die von Summus in Ägypten vollbrachten Thaten beſang, deutet

---

[1] S. STARK, Gaza 644 ff.

[2] BERGK, Poetae lyr. gr. III⁴, 339 ff. STARK, quaestt. Anacr. ll. II. 35 f. Auch F. HANSEN, Die Metra der Anakreontea in «Theorie d. muſ. Künſte d. Hellenen» v. ROSSBACH-WESTPHAL³ III₂, S. 864 ff.

[3] ad Zonaram p. 16.

[4] MÜLLER, Fragm. hist. gr. IV. 553. fr. 33: Νουμᾶς ὁ βασιλεὺς ἐκέλευσεν ἐν τοῖς ὑποδήμασι ῾Ρωμαίων τῶν πατρικίων τυποῦσθαι τὸ ῾Ρωμαϊκὸν κάππα, ὃ παρὰ τοῖς Ἕλλησιν ἐστὶ ῥῶ, οἳ διὰ τὸ τῶν κοινῶν ἐπιμελεῖσθαι πατέρων ἔσχον ἐπωνυμίαν. ἐφόρουν οἱ πατρίκιοι τὰ καπάγια.

[5] Gaza 645. Vgl. auch deſſen questt. Anacr. l. II.

Choricius (B 31, 7 u. 26, 2), ohne jedoch einen Namen oder fonft einen Anhaltspunkt zu bieten.

Der fchriftliche Nachlaß der Gazäer ift an und für fich nicht gering; aber für die Betrachtung ihrer formellen Leiftung hat der größere Teil der Schriften, fo die ganze Maffe der exegetifchen Sammelwerke des Prokop, gar keinen, anderes, wie die Auszüge aus dem Werke des Timotheus, die Biographien des Zosimus, nur einen fehr geringen Wert. Es fallen alfo in den Rahmen diefer Betrachtung nur die Reden und Briefe des Prokop, alle Schriften des Choricius, endlich die Briefe, auch der Dialog des Äneas.

Da die Dichtkunft in Gaza nicht nur im Stoffe, fondern auch in der Form von der Rhetorik beeinflußt wurde, können auch diefe Refte hierhergezogen werden, fo fehr auch in der Hauptmaffe die Manier des Nonnus hervortritt.

Eben weil die Rhetorik das Band ift, welches alle angeführten Gazäer umfchließt, und da gerade in rhetorifcher Hinficht die Eigenart und Bedeutung derfelben am deutlichften hervortritt, fo mag auch die rhetorifche Seite, wenn nicht ausfchließlich, fo doch in hervortretender Weife der Betrachtung unterzogen werden.

Hierzu geben die Gazäer felbft einige Winke; in ihren Briefen und Deklamationen machen fie Anlage und Stil derfelben öfter zum Gegenftand von Bemerkungen, aus denen man entnehmen kann, auf was für Dinge fie ihr Augenmerk befonders richteten. Prokop dachte auch hier gefunder und würdiger als feine Genoffen; fchade, daß es ihm nicht gelingen wollte, feine Gedanken in feinen Schriften zu verwirklichen. Im 136. B. tadelt er einen Bekannten wegen feiner fehlerhaften Tropen: σοφιστικά σου τὰ γράμματα καὶ τοῦ Γοργίου τύφον ἐδόκουν ὁρᾶν. ὕειν γὰρ τὸν Νεῖλον ἔφης ἐκ γῆς (vgl. auch B 16). Choricius betont da und dort die Angemeffenheit (B 310): ἡ διάλεξις· ὅτι δεῖ τὸν παριόντα τοῦ μελετωμένου τὸ ἦθος διὰ παντὸς φυλάξαι τοῦ λόγου (vgl. S. 300). Dies exemplificiert er S. 134: νόμῳ δὲ τῆς ἠθοποιίας ἑπόμενοι, ποιμενικόν τε καὶ ἀφελὲς αὐτῷ τὸ ἦθος περιθήσομεν (f. auch ChJ¹ 14, 2). Aber angesteckt von der krankhaften Manier jener Zeit zeigt er sich in Auslassungen wie B 77: ἄγετε οὖν, ὦ λόγοι, ... εἴ ποτέ μοι πρὸς ἕτερον ἄθλον ἐνεκαλλωπίσασθε, νῦν ἥκετε μᾶλλον ἐστεφανωμένοι τε εὖ μάλα καὶ ἁβροτέρους ἐνδεδυμένοι χιτῶνας καὶ ποικίλην παραθήσοντες εὐωχίαν (vgl. B 87, 133; 298; 134).

Die wirklichen Leistungen der Gazäer können nur dann ihre gerechte Beurteilung finden, wenn man stets im Auge behält, daß sie ganz und gar auf die Nachahmung einer längst vergangenen Zeit gestellt waren. Wie große Schwierigkeiten sich aber hier erhoben, und welche ungeheure Mühe diese beseitigen mußte, lehrt die Geschichte der bedeutendsten Vertreter der zweiten Sophistik. Wer das damalige Griechisch als Mutterfprache redete, hatte einen womöglich noch schwierigeren Stand als der Barbar: LUCIANS Stellung in der späteren Litteratur ist dafür bezeichnend. Hatte man mit glücklichen Anlagen und ausdauerndem Fleiße sich in einem Kreis von Vorbildern heimisch gemacht, so blieb immer noch die große, nur von wenigen Glücklichen vermiedene Gefahr, den richtigen Grad der Nachahmung zu verfehlen und statt eines harmonischen Ganzen ein buntes, von allen Seiten zusammengeholtes Flickwerk hervorzubringen, dessen kleinste Teile einander widerstreben. Bei den Gazäern geht die Unfreiheit und Abhängigkeit von ihren Vorbildern oft so weit, daß man genau genommen nicht mehr von Nachahmung reden darf, sondern sie bisweilen mit den Centonenschreibern vergleichen möchte. Hierin liegt auch der Grund dafür, daß sie in einer und derselben Rede ganze Sätze, die einmal ihr Gefallen gefunden haben, fast unverändert wiederholen: PA 490, 5: πρέπων γὰρ οὗτος βασιλεῖ κόσμος: PA 501, 14 πρέπων οὗτος βασιλεῖ κόσμος; PA 494, 3: 500, 17; ChB 78, 7 : 80, 7 ff.; 174, 10 : 176, 20; RP 216, 14 : 217, 4 und sonst. Im übrigen hatte eine Masse grammatischer und rhetorischer Hülfsmittel jeder Art und von dem verschiedensten Werte, außerdem die thunlichſte Beſchränkung der Zahl ihrer klaſſiſchen Muſter die Arbeit dieſer Sophiſten zu erleichtern geſucht.

Die Zahl der Schriftſteller, welche den Gazäern bekannt war, läßt ſich unſchwer aus den zahlreichen Citaten ermitteln, mit denen ſie ihre Schriften ſpikten[1]. Vor allen beuteten ſie HOMER aus, von dem man auf jeder Seite Verſe oder Versteile findet. Auch HESIODS und SOLONS Sprüche voll praktiſcher Lebensweisheit waren willkommen. Unter den Tragikern war aus gleichen Gründen EURIPIDES der beliebteſte, unter den Komikern findet man die Rangordnung: EUPOLIS, ARISTOPHANES, PHILEMON, MENANDER. PINDAR iſt an verſchiedenen Stellen ausgeſchrieben. Dazu kommen noch eine Reihe von Citaten, deren Autoren heute unbekannt ſind. — Von weit größerer Wichtigkeit war ein kleiner Kreis von Proſaikern, die mehr zu eigentlicher Nachahmung beſtimmt waren. HERODOT, die Brücke bildend von den Dichtern zu den Proſaſchriftſtellern, verdankt ſeine Beliebtheit vorzüglich den anmutigen Epiſoden, die ihm die Sophiſten, bald in längerer Ausführung, bald ſie blos andeutend, gerne entliehen: φιλόμυθος γὰρ ὁ ἀνήρ (ChB 105). Bezeichnender Weiſe finden ſich faſt alle deutlicheren Beziehungen auf ihn bei CHORICIUS (vgl. B 20; 21, 6; 34 f.; RP 245; 246 und ſonſt). Außerdem bildeten er und XENOPHON die klaſſiſchen Muſter für den einfachen und kunſtloſen Periodenbau. Den THUCYDIDES benutzten die Gazäer, um ähnliche Vorgänge oder Verhältniſſe in ähnlicher Weiſe wiederzugeben. So ſcheint CHORICIUS bei der Erzählung der Erſtürmung einer Stadt (RP 69 f.) die Erzählung des THUCYDIDES von der Überrumpelung (II. 2 ff.) und dem Ausbruch der Platäer (III. 22 ff.) im Gedächtnis gehabt zu haben, ſo führt er faſt mit denſelben Worten die Beſchreibung der Inſel Jotabe ein (RP 81, 17), die ſich bei THUCYDIDES (I. 24) über Epidauros finden. Doch konnte die ernſte und rauhe Sprache des Geſchichtsſchreibers den ſchwächlichen

---

[1] Für CHORICIUS vgl. J. MALCHIN, *De Choricii Gazaei veterum Graecorum scriptorum studiis.* Diss. Kil. 1884.

— 39 —

Sophiſten nicht behagen; ſie ſuchten nach größerer Glätte und Eleganz und nach reicherem Schmuck und fanden ſie beſonders bei PLATO und DEMOSTHENES. Wie groß das Anſehen des erſteren bei ihnen war, geht unter anderem daraus hervor, daß die ſonſt ziemlich ängſtlichen Gazäer PROKOP und CHORICIUS eine große Zahl von Wörtern und Redewendungen zu gebrauchen wagten, für die PLATO der einzige klaſſiſche Gewährsmann in Proſa iſt. CHORICIUS hat alſo: ἀγροικίζομαι H 17, 210, 14; ἀῆττητος B 67, 4; ἀναγορεύω B 153, 23; ἀπάνθρωπος B 67, 12; ἀπευθύνω B 140, 11; ἀφωνία B 107; διακορής B 102, 2; δυάς B 158, 26; ἐπαποθνήσκω B 64, 4; ἐσχατιά B 153, 6; θαμίζω H 17, 227, 24; θεμιτός B 201, 11; κηδεμονία B 81, 20; μακρολογία B 40, 19; μυθολόγημα B 141, 4; ὀλίσθημα B 164, 4; παραλλαγή B 157, 3; σκιοειδής B 159, 12; ὑπόχρυσος B 86, 16. — PROKOP bietet: ἀκολουθία; ἀκίζομαι B 103; διστάζω B 119. Die Bedeutung des DEMOSTHENES als Vorbild der Gazäer bedarf kaum einzelner Nachweiſe; es genüge zu erwähnen, daß CHORICIUS (H 17, 208, 13 und 223, 1) ſich ſeinen Zuhörern zu empfehlen ſucht, indem er als Vorbild im vorliegenden Falle DEMOSTHENES nennt. Neben den Genannten fanden ISOKRATES[1] und AESCHINES[2] Beachtung. Endlich holten ſie ihre Blumen aus den Gärten[3] auch noch ſpäterer von den Rhetoren empfohlener Schriftſteller[4]. Gerade der letzte Umſtand, daß die ſpäten Nachahmer der Alten ſelbſt wieder als Muſter dienten, war bedenklich; eine unnatürliche Buntheit in den Schriften der Gazäer konnte nicht ausbleiben.

Schon das Sprachmaterial in ſeiner einfachſten Form, der Wörterſchatz, war nicht einheitlich, nicht rein attiſch, wie ſehr

---

[1] ChB 113, 5 γλῶσσα προτρέχουσα τῆς διανοίας = ISOCR. ad DEM. § 4 πολλοῖς γὰρ ἡ γλῶσσα προτρέχει τῆς διανοίας; ſ. auch ChB 41, 4 = Is. EUAGR. § 28; RP 84, 21 ff.; etc.
[2] RP 227, 5 ff., 9 ff., dazu die Anm.; u. ſonſt.
[3] ChB 2, 3; 109, 3.
[4] z. B. d. Ael. ARISTIDES: ChB 10, 4 u. Anm. 3; — oder (vielleicht) des ARISTÆNETUS: ChB 52, 17 ff. u. Anm. 4.

man auch darnach ſtrebte. Selbſt PROKOP, von dem ſein Schüler rühmte, οὐ λέξις αὐτὸν ἀλλοτρία ἐλάνθανε τῆς ἀττικῆς (ChB 5, 9), und dem PHOTIUS ſeine Anerkennung zollte: καὶ ἡ φράσις δὲ αὐτῷ ἐς τὸ ἄριστον ἤσκηται (cod. 160), hat manche unattiſchen Wörter. In der Rede iſt er ſorgfältiger als in den Briefen, in denen er ohne Bedenken Wörter wie ἀδωνάρια (146), ἐνόω (113), ἐπεισκυκλέω (33), σπάλιξ (127), anwendet, während ſich in der Rede auf ANASTASIUS nur ἀνδραγάθημα findet (512, 2). Weit unreiner iſt der Wörterſchatz bei CHORICIUS und ÄNEAS — bei dem natürlich die philoſophiſchen und anderen Termini in Abzug zu bringen ſind —, ſo daß es zu weit führen würde, wollte man ſie alle aufzählen. In den allerdings ziemlich zahlreichen Schriften des CHORICIUS finden ſich — abgeſehen von der Monodie[1] — etwa 70 ſolche Wörter wie ἀκοή B 4, 16 und 5, 16 = corona; ἀνυψόω B 155, 1; ἁπλόω B 153, 12; ἀπογεύω RP 84, 7; ἀποζώννυμι B 28, 2; ἀποσόβησις 156, 17; ἀστειοσύνη RP 81, 7; ἐκχαλάω H 17, 209, 23; ἐνατενίζω B 99, 12; κατασύρω B 135, 4 und 159, 11; προςαντάω B 157, 27; συνυψόω B 158, 13; ὑπερέμβομαι B 122, 13; φιλοπευστέω B 104, 10; bei ÄNEAS ſind ſie faſt unzählig. Letzterer iſt (unter den Gazäern) beſonders ſtark im Gebrauch von Kompoſita, wie ἐγκατασπείρω (auch bei PLUTARCH und ſpäteren), ἐναπομαραίνω, ἐπισυνάπτω (ſp.), προευτρεπίζω (ſp.), προκατασπείρω, ὑπεκφαίνω und ähnlichen. Seltene Wörter und kühne Kompoſita bei JOHANNES ſind nicht unter dieſen Geſichtspunkt zu ſtellen.

Dazu finden ſich zahlreiche Verſtöße gegen die Grammatik. Aber dieſe ſind allen Vertretern der zweiten Sophiſtik in gewiſſem Maße ſo eigentümlich, daß es bei den Gazäern nicht befremden kann und es genügen mag, zur Beleuchtung des Ganzen auf wenige Beiſpiele hinzuweiſen. Unklaſſiſch, aber den Schriftſtellern ſeit lange gemeinſam, iſt der Gebrauch der dritten Perſon des Reflexivums für die 1. und 2.: ἑαυτοῦ für ἐμαυτοῦ und σεαυτοῦ, ... z. B. PB 10, 64, 140 und ſonſt; der Gebrauch von — τε — τε

---

[1] S. unten S. 50.

ftatt — τε — καί (RP 243, 4). Hierher gehören ferner die Konftruktionen ἱερεῦσι κελεύειν διασώζειν (AB 21), μοι δοκῶ .... ἐμβαλεῖν RP 219; f. Anm. 8) τοσούτου χρόνου von der Zeitdauer (PB 161). Endlich liegt kaum Grund vor, die vielen Verftöße gegen den Modus, die Verwendung der Partikel ἄν und die Tempora als handfchriftliche Mängel zu betrachten (vgl. RP 65 Anm. 16; 72 Anm. 14 u. f. w.). Aber die Grammatik trat zurück vor dem Intereße, welches die Gazäer an der rhetorifchen Seite hatten, infofern fie eben dem Schmuck der Rede diente. Freilich viele Dinge, die in der klaffifchen Zeit große rhetorifche Bedeutung hatten, wurden damals nicht mehr fo empfunden. Dahin gehört die paffende Einftreuung poetifcher Wörter, die zur Zeit der Gazäer ganz um diefen Klang gekommen waren. Dahin auch zahllofe Tropen und Figuren in einfacherer Geftalt. Es mußte fchon etwas Auffallendes, Derbes fein, wenn es wirken follte; denn das Gefühl für folche Dinge war längft ftumpf geworden. Die mehr oder minder zahlreiche Verwendung rhetorifcher Mittel richtete fich daher auch weniger nach deren Wirkfamkeit und der Natur des Stoffes als nach der Leichtigkeit oder Schwierigkeit, die betreffenden Mittel zu handhaben. So findet fich beifpielsweife das Hyperbaton, welches feinem Wefen nach dem Charakter der Apheleia widerfpricht, im Übermaß. Mit welcher Verfchwendung eine einmal angenehm gewordene Art von Redefchmuck angewendet wird, zeigt der Gebrauch des Beifpiels in der Rede des PROKOP auf ANASTASIUS; der Sophift vergleicht diefen Fürften mit den Athenern (492, 501), Phäaken (492), Korinthiern (492), Spartiaten (492), mit Eumolpus (494), Philippus (501), Alexander (501, 514), Lyfander (503), Ariftides (505), Pififtratus (506), Themiftokles (510), Achilles (510), Paufanias (510), Cyrus (512), Agefilaos (513)! Ein folches Übermaß in der Verwendung des rhetorifchen Schmuckes und der Umftand, daß die Gazäer mehr aus Büchern als aus dem Leben fchöpfen mußten, ift auch Schuld an den Mängeln ihrer Rede; eine Anfchauung der Dinge felbft gab es nicht. Man fuche die finnliche Vorftellung, die einer Metapher der Gazäer zugrunde liegt — und man findet fie vielfach unfinnig, lächerlich, unfchön; oder es find zwei und mehr zufammengeworfen. Eine Reihe von Beifpielen öfter verwendeter Tropen mag dies erläutern:

Metapher: ChB 302 τοὺς εἰωθότας τῶν λόγων ὀψοποιούς; PB 145 ἐπὶ τὸ γράφειν ἀνάγεται; H 17, 216, 32 τῶν σκήπτρων ἐκβαλών; PB 31 φέρειν ἐπὶ τῆς γλώττης τὰς Μούσας; ChRP 213 ἐπιστομίσαι ῥήμην καταχέουσαν διαβολήν; ChB 144 ἐκ χειλέων τοξεῦσαι τοὺς ἔρωτας; PB 40 ὁ παριππεύσας χειμών; PB 33 ἐπιστολὴν εἰς αὐτὴν φιλοσοφίαν ἀνάγουσαν; ChB 9 τῆς αἰδοῦς τὴν γλῶτταν ἀγχούσης; AD 39 τὴν πάνδημον ὕβριν δημοσίᾳ μάστιξ παιδευέτω, τὸ μέρος ἐκτέμνουσα.

Synekdoche: PB 103 τῆς ὑμετέρας Δάφνης πιών.

Allegorie: ChB 23 (Δημοσθένης) ἀπῆλθε .... τὴν Ἀθηναίων τύχην σαλευομένην καταλιπών, δίκην νεὼς περικλυζομένης ἀνέμων τε βίᾳ καὶ συγχύσει κυμάτων. ὁ δὲ (Προκόπιος) τὴν ἐνέγκουσαν ἀρῆκεν εἰς ἀσφαλῆ τε καὶ μέγαν ὁρμιζομένην λιμένα, τὸν ἱερέα; f. AD 9, 2.

Hyperbel: PB 75 κόρη μηδὲ τοῖς οἰκείοις ἅπασιν ἐγνωσμένη, von einem Mädchen, deffen Hochzeit bevorftand!

Periphrafis: RP 216, 9 τὴν (τέχνην) ἀνιοῦσαν ἄχρι τῶν ἐν οὐρανῷ φαινομένων — τὴν οὐκ ἐῶσαν ἄβατον εἶναι τὴν τοῦ Ποσειδῶνος ἀρχήν; RP 245 ὁ τὰς Μούσας ὑποδεξάμενος, ᾧ φιλοξενίας μισθὸν ἑκάστῃ βίβλον ἔδωκε μίαν.

Natürlich fehlen auch gute Tropen nicht gänzlich; fo ift z. B. die rhetorifche Frage mit gutem Gefchick von CHORICIUS in feiner Rede auf ARATIUS und STEPHANUS (RP 79 f.) angewendet.

Während nun die Gazäer in der Wahl der Worte und in dem darauf beruhenden Redefchmuck fich meift an ihre Mufter anlehnten und fie ausfchrieben, waren fie in der σύνθεσις τῶν ὀνομάτων mehr auf fich angewiefen.

Den Hiat hat unter den Gazäern PROKOP am forgfältigften gemieden und zwar in den Briefen wieder forgfältiger als in der Rede. Ihm kommt CHORICIUS am nächften, über den FÖRSTER

(H 17, 207 f.) das Genauere angiebt[1]. Bei Äneas, deffen Schriften die meiften Fälle von Hiat bieten, ift kaum ein Unterfchied zwifchen den Briefen und dem Dialog, wenn man die in den zitierten Stellen des letzteren vorkommenden Hiate in Abzug bringt. Auch in der fchwierigeren Kunft, der Rede gefälligen Rhythmus zu geben (f. ChB 5), verfuchten fie fich. Wenigftens bietet Prokop ein auffallendes Beifpiel (A 496), wo die Worte ἐνταῦθα δὲ τοῦ λόγου bis τὸν λόγον ἡμεῖς des Schema ergeben

1) - - | ⌣ ⌣ - | ⌣ - | ⌣ ⌣ ⌣ - ,
  - - | ⌣ - | - - | - - | ⌣ - | ⌣ - ,
  - ⌣ ⌣ | - ⌣ | - - | - ⌣ | - ⌣ ⌣ ⌣ | - ⌣ | - ⌣ | - ⌣̄ .
2) ⌣̄ ⌣ - | - - | - - | - ⌣ ⌣ ⌣ | - ⌣ ,
  ⌣ ⌣̄ - | ⌣ - | ⌣ - | ⌣ .
  - ⌣ | - - ⌣ | - - | - ⌣ - .
3) ⌣ - | - - | ⌣ - | - - | ⌣ .
  - ⌣ | - ⌣ | - - | - ⌣ | - - | ⌣ .
  - ⌣ | - ⌣ ⌣ | - ⌣̄ .

Abgefehen von den befonderen Eigentümlichkeiten des Rhythmus an diefer Stelle, welche aus dem Schema erfichtlich werden, wird hier zugleich das allgemein gültige Gefetz veranfchaulicht, daß die Gaziäer, ähnlich wie Demosthenes, das Zufammentreffen mehrerer Kürzen vermeiden.

In den Klaufeln haben alle mehr oder weniger Rückficht auf den Rhythmus genommen. Sie vermieden hier die Häufung kurzer Silben[2], haben oft einen Epitrit[3], meiftens aber den Kretikus[4], der bei Prokop in der Regel in einem Worte ausgedrückt ift.

---

[1] Über die den Gaziäern verwandten Schriftfteller überhaupt vgl. v. Rohden, *De mundi miraculis*, Bonn, 1875.

[2] z. B. ChB 28, 11 λύπην ἐκτείνω; 36, 7 ποιεῖν εἰωθώς; 85, 22 ὡραϊζούσης τὴν γῆν; 41, 2 ἔξω τὸν ζῆλον ποιοῦνται; 88, 20 μέρει καλλωπίζεσθαι καὶ κοσμεῖν; 41, 8 πρεσβῦτις εὐδαίμων; 31, 19 ἠπείλειτο τῇ νήσῳ; 88, 3 συλλαμβανούσης; 30, 8 ᾄδειν τὴν Μοῦσαν.

[3] Vgl. Anm. 1; dazu ChB 12, 12 ὑμῖν διηγοῦμαι; 22, 10 ἀγαθοὺς ἀμοιβῇ; 85, 28 κεκοσμημένας; 98, 17 περιτρέχοντας χώραν etc.

[4] 16, 21 στεφάνους λαβεῖν; 41, 6 εὐλόγοις; 29, 2 ἐναντίοις; 44, 2 προεστάναι; 30, 15 ἀπομπραίνεται.

Auch in der Zusammensetzung größerer Wörtergruppen findet man gewisse Gesetze beobachtet. Das feste, innere Gefüge der Demosthenischen Periode, der λέξις κατεστραμμένη, die den Hörer nötigt, bis zur letzten Silbe aufzumerken, um den Gedanken zu erfassen, findet sich bei den Gazäern, wie überhaupt bei den meisten Sophisten, nicht. Ihre Periodisierung ist höchst einfach; die Konjunktionen καί, τε etc. und die Relativa sind fast die einzigen Bindemittel. Dagegen achten sie auf die Länge der einzelnen Teile einer Periode, daß sie entweder alle gleich sind, oder ihre Länge nach bestimmten Gesetzen variiert, daß also das kürzere Glied dem längeren vorangeht, oder zwei gleiche Glieder ein verschiedenes umschließen. Bisweilen bildet eine größere Reihe von Sätzen eine künstlich aufgebaute Gruppe, wie ChB 118 ff. τοσαύτης οὖν φιλοτιμίας bis πρὸς κάλλος εὖ ἔχειν.

Vor allem andern maßgebend für die Komposition der Wörter ist die Rücksicht auf die Figuren, ein Schmuck, in welchem sich diese Sophisten besonders stark fanden, wenngleich sie im Verhältnis zu anderen Spätlingen wie LONGUS oder ACHILLES TATIUS noch mäßig genannt werden müssen. Aber gleichwohl war es eine ihrer größten Schwächen, weil dieser Putz ganz äußerlich ist und nur bei sparsamer Verwendung in geschickter Hand schön kleidet. Auch hier haben die Gazäer zu dem Auffälligsten gegriffen. Die Wahl der Figuren nimmt wenig Rücksicht auf den Inhalt, wenn unsern Sophisten überhaupt eine solche zugetraut werden darf. Sonst fände sich das Hyperbaton[1] und die ihm verwandte Parenthesis nicht in solcher Unzahl. Auch die Antithese, oft gehoben durch Isokola und Parisa, verrät sich in ihrer Häufigkeit als Spielerei[2]. Noch mehr thut sich der Ungeschmack in den verschiedenen

---

[1] S. oben S. 41 und unten S. 49 f. Beispiele: PB 113 τὴν ἐπειδὴ πάλιν ἀνήχθης ἔτι μοι διαμένουσαν σπουδήν; ChB 220, 6 παντὸς ἐπιτρέψας γέλωτα γίγνεσθαι τρόπου; AB 13 τῶν λαφύρων αὐτῷ εἰς ἔρανον φέρον τὸ μέρος.

[2] z. B. RP 226, 7 οὔτε στρέφειν τοσοῦτον, ὅσον καὶ συνοικεῖν, οὔτε τοσοῦτον μισεῖν, ὅσον καὶ τὴν θέαν ἐκκλίνειν.

Klangſpielen zu gute. Die Allitteration, von zwei bis zu vier und fünf Wörtern ſich ausdehnend, muß noch ganz beſonderen Feinheiten und Abſonderlichkeiten dienen. So allitterieren die ſich entſprechenden Wörter in parallelen Kola: PA 493, 2 ταῦτα προςετίθεις τῷ πόθῳ, μετῆλθες τῇ πείρᾳ, καὶ πρὸς ἄκρον ἐπείγου τοῦ πράγματος. Oft ſpielen ſie mit der Häufung desſelben Buchſtabens: AD 58 ἀλλὰ πάντα καινὰ καὶ ἀγαθά; PB 92 πάλαι φίλα λῆρος. Vgl. Johannes S. 60, VI, 16, 20 ff.; 42 ff. Einige anderen Erſcheinungen verwandter Art werden am beſten beleuchtet durch beſonders ſchöne Muſterbeiſpiele: PA 103, 11 . . . . ἐνδιαιτᾶσθαι, ... ἡττᾶσθαι, womit ſich paſſend die zahlreichen Reime bei Johannes vergleichen laſſen[1]. PB 69 χάριν πάλιν. RP 243, 12 μίμων . . . . μίμων . . . . μίμων . . . . μίμων . . . . μίμων. Die Figuren, welche «per adiectionem» gebildet werden, ſind mit Ausnahme der Anapher ſeltener gebraucht.

Die zahlreichen Aſyndeta und Polyſyndeta ſcheinen weniger um ihrer ſelbſt willen da zu ſein, als notwendig mit der Periodiſierung zuſammenzuhängen. Das Zeugma verrät bisweilen mehr Nachläſſigkeit als bewußtes Handeln des Schreibers[2]. Anders ſteht es mit der ihr entgegengeſetzten Figur, dem διεζευγμένον, an der freilich auch nichts zu rühmen iſt: ἄλλος μὲν σμινύης ἐρᾷ, ἑτέρῳ πρὸς κύνας ὁ ἔρως, ἄλλῳ τόξον ἐν ἡδονῇ, τῷ δὲ ἵππος τὰ παιδικά (AB 1).

Von den Gedankenfiguren, die zum Teil den Gazäern ſchon wieder zu ſchwierig, aber auch zu energiſch und kräftig ſind, findet ſich am häufigſten die rhetoriſche Frage. Soll ſie auch an mehreren Stellen einem beſtimmten rhetoriſchen Zweck dienen, etwa als nachdrückliche Bejahung wie ChB 34, 1 τί δ' ἄν τις οὐ θαυμάσειέ σου τῶν γνωρισμάτων; PA 497, 10 und ſonſt, — oder zum Ausdruck

---

[1] Vgl. JA S. 15 V. 5 ff. die Versſchlüſſe: . . . . Ἀπόλλων . . . . μύθων . . . . διώκων . . . . παλμῷ . . . . χορεύων . . . . γενέθλην . . . . Σελήνην; S. 59 V. 35 f.: . . . . λόχευμα . . . . χόρευμα u. ſonſt.

[2] ChB 142: ὁρᾷ τὸν Πειραιᾶ . . . καὶ παλαιὰ διηγήματα. PA 515 Ἄρης τε καὶ στάσις πόρρω τῶν ἡμετέρων πλανᾶται.

einer Gemütsbewegung, wie das oft wiederkehrende ἔτι σιγᾷς in PROKOPS Briefen: fo ift fie doch in den meiften Fällen ein armfeliges Mittel, die Rede weiter zu fchleppen, z. B. PA 515, 18 ἀλλὰ τί ποτε ταύταις ἐπιγράψομεν; τί τῆς ἀξίας ἐχόμενον; ἢ πάντως ἐκεῖνα . . . . ChB 31. An fie fchließt fich die Hypophora (z. B. RP 246, 1; ChB 69, 6 und fonft). Zahllos find wieder die Ausrufe, die Schwur- und Anrufungsformeln[1], die ohne Verftand und Mühe leicht aus DEMOSTHENES gelernt werden konnten, ferner die Apoftrophe[2], die Profopopoiia und Ethopoiia[3].

Über den Umfang der einzelnen Sätze und Perioden hinausfchauend, faffen wir die Kompofition des Ganzen aus kleineren und größeren Teilen ins Auge; wir werden gewahr, mit welcher Kunft der Gedanke einer Abhandlung zur Darftellung gelangt, wie und in welcher Folge feine einzelnen Teile verknüpft werden. Nur wenigen Schriftftellern war es gegeben, diefe Aufgabe gut zu löfen: von den Gazäern wird niemand erwarten, daß fie die angeftaunte fte Kunft eines DEMOSTHENES oder ISOKRATES erreichen. Nicht bloß die Fähigkeit fehlt ihnen, auch das Wollen, ja felbft die Gefetze ihrer Kunft fträuben fich dagegen: Die zahllofen Digreffionen in Geftalt von Gnomen, die dem fophiftifchen Rüftzeug fo recht eigentümlich find, oder auch längere Erzählungen, die oft wenig oder gar keine Beziehung zu dem Inhalt des Ganzen haben, unterbrechen jeden Augenblick den Zufammenhang. So kommt es, daß fie gewöhnlich gewaltfam, mit faft ftereotypen Wendungen zur Sache zurückkehren müffen (ChB 87 und fonft). Oft bildet der ganze Inhalt einer Rede nichts als eine ziemlich lofe zufammen-

---

[1] PB 56: ὦ τύχη τύχη; ChB 45 ὦ πολυμνήστου ζηλωτὴ ἐκφορᾶς . . . . ὦ θανάτου δακρύων μὴ δεομένου; AD 76, 3: ὦ τῆς ἀσεβείας. — νὴ Δία, μὰ Δία, πρὸς Διός, ναὶ μὰ Δία, νὴ τοὺς θεούς, etc.

[2] AD 17, 7: ποῖ φέρεσθε, ὦ 'Αθηναῖοι; PB 7: 'Αλλ' ὦ πάντες Ἔρωτες εἰς πεῖραν ἄγετε τοῦτον . . . . ; ChRM 37, 484, 2; RP 216 f. . . . .

[3] Die Vorliebe der meiften Sophiften für diefe Dinge bezeichnen die zahlreichen Ἠθοποιίαι und Μελέται, in denen fie durch die Verwendung der genannten Figuren einen eigenen Litteraturzweig ausgebildet haben.

geschobene Masse fast selbständiger Erzählungen, was nach den Lehren der Technographen in den Enkomien, nicht aber in andern Reden, z. B. den μελέται für die Mimen (RP 212 ff.) u. a. gestattet ist. Weil die Gazäer nicht verstehen, diesen Teilen einen inneren Zusammenhang zu geben, so treten auf jeder Seite die rein äußerlichen, lästigen Übergangsformeln auf. Nichtsdestoweniger findet man bei ihnen bisweilen eine kunstvollere Disposition. So zeigt der Epitaph des CHORICIUS auf Maria, der wohl zu den gelungensten Stücken des Sophisten gehört, eine wohlüberlegte, wenn auch mit Hilfe der rhetorischen Vorschriften durchgeführte Anlage. Im Eingang sagt CHORICIUS, in wiefern seine Rede von den gewöhnlichen Leichenreden abweiche: Sonst suche man zu Thränen zu rühren; dies verbiete der Charakter und der glückliche Tod der Verstorbenen: sie starb zur rechten Zeit und in seliger Hoffnung für das Jenseits. Darauf preist der Redner abwechselnd ihren Charakter und ihr wohlverdientes Glück während dieses Lebens: Sie war eine sittsame, bescheidene Jungfrau, eine gute, liebevolle Gattin. Dafür war ihre Ehe mit acht trefflichen Kindern gesegnet. Die Mutter wird nun in ihren wohlgeratenen Kindern gelobt. Trotz all des Glückes war sie niemals stolz; dafür war sie bei jedermann beliebt, wie die große Beteiligung an der Leichenfeier zeigt. Auch im Jenseits findet sie Belohnung für ihre Tugenden, ihre Wohlthaten. Von letzteren greift der Redner einige heraus und bespricht sie in aufsteigender Reihenfolge. Er preist nochmals das glückliche Ende der Maria und tröstet dann ihre Söhne und Töchter über den Verlust einer solchen Mutter. Zum dritten Mal betont er den glücklichen Tod und beendet seine Rede mit einer Art Grabschrift, welche alles Gesagte zusammenfaßt. — Den Hauptteil des Ganzen bildet das in die Mitte gestellte lange Enkomion, indem jedesmal der Lohn für die aufgezählten Tugenden genannt wird. Voraus gehen die Einleitung und ein kurzes Trostwort, hinter dem Enkomion folgt eine längere Paramythie und der Schluß.

Erkennt man auch hier überall die Vorfchriften und Mufter der Rhetoren wieder, fo tritt doch eine fo fklavifche Abhängigkeit nicht hervor, wie in andern Stücken der Gazäer. Man vergleiche nur PROKOPS Lobrede auf Anaftafius mit den Vorfchriften des Menander (III, 368 Sp): Die Reihenfolge der einzelnen Punkte, felbft die verwendeten Phrafen zeigen ein fchülerhaftes Ankleben an der Techne. Frappant ift die gleiche Stellung der Vergleichung im Proömium (491, 5), die fchöne Umgehung der obfkuren Abftammung des Kaifers, kurz, Punkt für Punkt zeigt den fchlimmen, gedankentötenden Einfluß jener bis ins einzelfte ausgearbeiteten Technai und Mufterftücke. Dasfelbe gilt für alle anderen Arten von Reden und Deklamationen.

Haben die Gazäer in diefen Dingen immer die Vorfchriften der Technographen vor Augen gehabt, fo haben fie wohl auch einen von denfelben aus den Schriften der Klaffiker herausgefundenen und zum Zwecke der Nachahmung befchriebenen χαρακτήρ feftzuhalten und nachzubilden verfucht. Ein Mönch des Mittelalters fagt, daß PROKOP und CHORICIUS «τῆς ταπεινοτέρας λέξεως, ἤγουν τῆς καθαρᾶς παραδείγματα» feien[1] und hat damit ziemlich das Richtige getroffen; näher noch kommt man der Wahrheit mit der Bezeichnung ἀφέλεια, die fich in mancher Hinficht mit der καθαρότης deckt. Die meiften Stoffe, mochten die Gazäer fie als felbftändige Argumente behandeln, oder in Form größerer und kleinerer Epifoden in die Abhandlungen, Reden und Briefe einfügen, tragen den Charakter der ἀφέλεια[2]. Daher gehören vor allen die mythifchen Erzählungen bei CHORICIUS: εἰς ῥόδον, ἠθοποιΐα Ἀφροδίτης, die dritte Dialexis, die Stoffe aus dem trojanifchen Sagenkreis, dann περὶ ἔαρος, die Epithalamien und ähnliches, endlich die vierte Dialexis, «ἔννοιαι», die um fo «ἀφελέστεραι» find, als fie im engeren Sinn der γλυκύτης zukommen; darauf folgen

---

[1] *Rhett. gr.*, III., 256, 17 W.
[2] S. HERMOG. περὶ ἰδεῶν, II, 351 ff. Sp.

die ἠθοποιίαι ποιμένος und ἐμπόρου und die ἐκφράσεις. Hinsichtlich der «ἔννοια» find auch folche Reden und Deklamationen hierherzuziehen, die an fich nicht unter den Begriff der ἀφέλεια fallen, die aber durch die eingelegten Epifoden diefes Charakters ein folches Gepräge, zum Teil gegen die Gefetze der Rhetorik, erhielten, alfo die Enkomien, befonders die Briefe, endlich fogar der Dialog des ÄNEAS, obgleich das «βαθύ» und «περινενοημένον» diefer philofophifch-theologifchen Abhandlung an fich ausdrücklich der ἀφέλεια entgegengefezt wird[1]. Auch die fprachliche Darftellung kann in folcher Weife wirken. Aber wie weit haben überhaupt auch hierin die Gazäer das ἀφελές erreicht? Wenn man die Schilderung diefes χαρακτήρ bei den Rhetoren zu Rate zieht, fo findet man manche Vorfchriften beobachtet, anderen gerade entgegengehandelt. Der ἀφέλεια entfprechen die einfachen kurzen Sätzchen, mit denen gewöhnlich auch der Gedanke abfchließt, der faft regelmäßige Ausgang derfelben auf eine lange Silbe, der im allgemeinen ungekünftelte Rhythmus, der gefällige Klang durch Vermeidung des Hiat und der fogenannten freni, ferner die Steigerung des Wohlklangs durch Paronomafien und ähnliche Figuren. Dagegen widerfprechen dem Begriff derfelben die vielen Tropen, die unzähligen Hyperbata und verfchiedenes andere. Ohne Zweifel haben die Gazäer in ihren meiften rhetorifchen Schriften mit Bewußtfein nach der ἀφέλεια geftrebt. Aber fie teilten die Fehler ihrer Zeit; nicht mehr von dem richtigen Gefchmack geleitet, fchoffen fie einerfeits weit über das Ziel hinaus, indem fie die der ἀφέλεια zur Stütze dienenden Mittel im Übermaß verwendeten, andererfeits mochten fie auch wieder nicht auf folchen Schmuck verzichten, der mit ihr in Widerfpruch ftand. So verfielen fie im Großen und Ganzen dem Fehler, der dem γένος γλαφυρόν gegenüberfteht: der Kakozelie.

Doch nehmen nicht die Schriften aller hier in Betracht kommenden Gazäer denfelben Rang ein. Entfprechend dem gefunderen

---

[1] a. O. 351.

Charakter des PROKOP find auch feine Schriften etwas erträglicher. Gleichwohl hat er das erkannte Ideal bei weitem nicht erreicht[1]. Seine Lobrede auf Anaftafius darf als das befte Stück aus dem Nachlaß der Gazäer bezeichnet werden. Der rhetorifche Schmuck ift fparfamer und angemeffener, als in den Briefen. Die Monodie ihm beizulegen, wäre ein Unrecht an feinem Gefchmack und formellen Können; der erfte Satz fchon trägt den Charakter des Ganzen zur Schau: Ἦν ἄρα καὶ συμφορὰ συμφορᾶς καὶ πάθος πάθους καὶ λύπη λύπης καὶ οἰμωγὴ οἰμωγῆς καὶ θρῆνος θρήνου μείζων....

Sonderbarer Weife findet fich ein ähnlicher Gegenfatz auch zwifchen der erhaltenen Monodie des CHORICIUS und feinen übrigen Deklamationen; er hat eben in der Befolgung der Vorfchriften für die Abfaffung von Monodien des Guten zu viel gethan. Nicht felten jedoch find feine Bemühungen auch von befferem Erfolg gekrönt. Seine Rede ὑπὲρ τῶν ἐν Διονύσου τὸν βίον εἰκονιζόντων, die inhaltlich die umfangreiche Belefenheit ihres Verfaffers bekundet, enthält viele angemeffenen Stellen. Der Epitaph auf Maria fpricht durch echt antike Einfachheit und Schlichtheit in Gedanken und Ausdruck an, und auch in andern Reden fehlt es nicht an fchönen Stellen. Aber im allgemeinen zeigen feine Schriften doch die Fehler feiner Zunft und feiner Zeit und verraten nur allzu oft den mit feinem Wiffen und feiner Sprachgewandtheit prunkenden Sophiften. Und zwar gefchieht dies nicht bloß in den fogenannten διαλέξεις wie ChB 202, die von jeher zum Tummelplatz der Witze und Albernheiten beftimmt waren, fondern oft genug auch in den λόγοι felbft. Das anerkennende Urteil von BERTRAND[2], der ihn als Kenner der Kunft und von gutem Gefchmack rühmt, kann in diefer Allgemeinheit nur mit Beziehung auf die damalige Zeit überhaupt gelten. Um von den zahlreichen Verftößen des CHORICIUS gegen Gefchmack und Angemeffenheit nur wenige Beifpiele anzuführen, diene folgendes zur Berichtigung der Meinung

---

[1] Vgl. oben S. 41.
[2] *Un critique d'art dans l'antiquité. Philoftrate et son école. Par. 1881.*

des französischen Gelehrten: ChB 87, 11: ἴσως ἄν καὶ μουσικὸν ὑπηχοῦσαν ἐποίησεν (nämlich einen Chor von Singvögeln an die Wände der Kirche), εἰ μὴ πρὸς τὴν θείαν ἀκρόασιν ἐμπόδιον ἦν φθεγγομένη; oder man lese, was sich kurz zuvor oder 91, 12 findet.
— Hübsch nehmen sich auch homerische Verse im Munde des Polydamas aus, z. B. H. 210, 17 und 22. Im Epitaph auf seinen Lehrer, sollte man erwarten, wäre er etwas vernünftiger. Weit gefehlt, er schwelgt in demselben Wortgepränge, wie in den übrigen Deklamationen. Daß sich bei ihm, höchst geschmackvoll, Stellen aus HOMER und JESAIAS nebeneinander finden, darf uns nicht wundern, da PROKOP und ÄNEAS ähnliches haben. — Bisweilen jedoch bemerkt man ein Streben nach Angemessenheit, worüber er sogar ausführlicher in einer Dialexis sprach. Freilich sind diese Versuche meist sehr grober Natur, wie wenn Priamos, ὑπάρχων πρεσβότης (H 236, 23), mehr mit weisen Sprüchen um sich wirft, als andere Personen in den Deklamationen des Gazäers.

An ÄNEAS endlich könnte man ganz irre werden. Während seine Briefe nüchterner und gefälliger sind als die des PROKOP, bietet sein Dialog neben den schon erwähnten sachlichen Mängeln eine Reihe von Verstößen gegen die Sprache, besonders aber gegen die Angemessenheit des Stils. Sein Haschen nach den äußerlichsten und gewöhnlichsten Mitteln rhetorischen Schmuckes ist geradezu beleidigend in einer Abhandlung über wichtige und hochernste Gegenstände.

Aber trotz all dieser Mängel stehen die Gazäer, besonders in rhetorischer Hinsicht, hoch über ihren Zeitgenossen. Sie ernteten denn auch, wie wir sahen, schon zu Lebzeiten großen Ruhm und wurden für die byzantinische Beredsamkeit sogar Vorbilder. Im allgemeinen erwähnt werden die Gazäer von einem ANONYMOS[1], allerdings in wenig auszeichnender Weise: .... οὐδ' ὅπως Πλατωνικὴν ἰδέαν μεταβάλλεις εἰς Δημοσθενικὴν ἢ ποιητικὴν μεγαληγορίαν εἰς πολιτικὴν ῥητορείαν ἀμειψείας ὥσπερ εἰς ἄλληλα μετοχετεύων τὰ

[1] CRAM. Anecd. gr. Ox. III. 172.

ῥεύματα, καὶ τοὺς χυμοὺς αὐτῶν μετακλύζων· .... οἷα Σώπατροι, καὶ Λογγῖνοι, καὶ Γαζαῖοί τινες ἐπιτεχνάζονται ῥήτορες. Anders steht es mit den zum Teil schon *oben verwerteten Angaben für die Einzelnen bei PHOTIUS, SUIDAS, besonders in BEKKERS *Anecd. gr.* Außerdem ist PROKOPS Kommentar zu den Büchern der Könige benutzt in cod. Coisl. VII[1]. Der hl. Maximus, der Geheimschreiber des Kaisers Heraklios, nahm Beispiele aus seinen Schriften[2]. Auch Eudocia hat eine Stelle aus der Lobrede auf Anastasius[3]. In ähnlicher Weise werden CHORICIUS' Schriften benutzt im cod. Coisl. 371[4]. DOXOPATER[5] nimmt Bezug auf ihn und zwar, bezeichnender Weise, unmittelbar hinter DEMOSTHENES, wie diese Gazäer auch in den genannten codd. Coisl. sich immer in besserer Gesellschaft befinden. Endlich ahmte der Romanschreiber EUST(M)ATHIUS, welcher in der zweiten Hälfte des 12. Jahrhunderts schrieb[6], den CHORICIUS nach. Zuletzt läßt sich auch aus der Zahl der Handschriften ein Schluß ziehen auf das Ansehen der Gazäer. Von CHORICIUS ist bis jetzt eine stattliche Reihe bekannt geworden (H 205); aber auch die der andern sind nicht selten, und noch manche mag bis jetzt dem forschenden Auge der Gelehrten entgangen sein.

---

[1] MONTFAUC. Cod. Coisl. 43.
[2] Cod. Coisl. 371 b. MONTFAUC. S. 677 f. u. cod. 178 a. O. S. 238.
[3] S. 2, 14 FLACH.
[4] MONTFAUC. S. 278.
[5] CRAM. *Anecd. gr. Ox.* IV. 164.
[6] KRUMBACHER, Gesch. d. byz. Litt. 371 ff.